MAILAND

LOMBARDEI

INSIDER-TIPP
Deine Abkürzung ins Erleben!

Reisen mit MARCO POLO Insider-Tipps

MARCO POLO TOP-HIGHLIGHTS

DOM SANTA MARIA NASCENTE ★1
Das sakrale Herz der Stadt: Marmor in allen Schattierungen und über allem wacht die goldene Madonna.
Tipp: Auf dem Dach kommst du kuriosen Steinfiguren nah und hast einen super Blick bis an den Alpenrand.

➤ S. 28

QUADRILATERO DELLA MODA ★2
Auf einem knappen Quadratkilometer die weltweit dichteste Ballung an Läden des Luxus und der Moden.

➤ S. 32, 67

CASTELLO SFORZESCO ★3
Die Burg in der Stadt: Selfiekulisse und Schatzkammer.
Tipp: Schöne Spiegelung der Arkaden auf dem glatten Wasser im Fürstenhof Corte Ducale.

➤ S. 38

PORTA NUOVA ★4
Um die Piazza Gae Aulenti türmt sich das neue, spannende Hochhausviertel.
Tipp: Eindrucksvolle Glas- und Stahlstrukturen an den Bauten an der Piazza Città di Lombardia.

➤ S. 41

PINACOTECA DI BRERA ★5
Zwischen all den tollen Bildern ist auch der romantischste Kuss der Kunstgeschichte.
Tipp: Lustiger Kontrast: Wenn die Kunststudenten Pause machen, hocken sie unter der Statue des nackten Napoleon.

➤ S. 37

SANT'AMBROGIO 8

In der Basilika des Stadtpatrons und ehrwürdigen Kirchenlehrers taucht man ein in die uralte Geschichte des Christentums.

➤ S. 44

GALLERIA VITTORIO EMANUELE II 6

Bringt Glück: Sich auf der Hacke drehen auf dem Stier im Fußboden von Italiens schönster Shoppingmall (Foto).

Tipp: Von der Terrasse des Museo Novecento gegenüber hast du einen tollen Blick auf den imposanten Eingang am Domplatz.

➤ S. 33

TRIENNALE DESIGN MUSEUM 9

Das „Made in Italy" hat längst Museumsreife erlangt – und erfindet sich zugleich immer wieder neu.

Tipp: Halte vom Dach runter auf den „rätselhaften" Brunnen Bagni Misteriosi und die neue Skyline.

➤ S. 40

CENACOLO VINCIANO („ABENDMAHL") 7

Dieses Wandgemälde schlug in die Geschichte der Kunst ein wie die Breitwand in die des Kinos – was seither alle sehen wollen.

➤ S. 42

NAVIGLI 10

Die Ausgehmeile der Stadt: An lauen Abenden stellen die Lokale Stühle an den Kanal Naviglio Grande, im Winter sitzt man drinnen bei Cocktails und dampfendem Risotto.

➤ S. 45

INHALT

BESSER PLANEN
MEHR ERLEBEN!

Digitale Extras
go.marcopolo.de/app/mai

⏲	Besuch planen	☂	Bei Regen
€–€€€	Preiskategorien		Low-Budget
(*)	Kostenpflichtige Telefonnummer		Mit Kindern
		⚑	Typisch

(🕮 A2) Herausnehmbare Faltkarte
(🕮 a2) Zusatzkarte auf der Faltkarte
(🕮 0) Außerhalb des Faltkartenausschnitts

DAS BESTE ZUERST

Den Dom prägt eine fast irrwitzige Lust an filigranem Dekor

BEST OF

BEI REGEN

SCHÖN, AUCH WENN ES REGNET

GALLERIA VITTORIO EMANUELE II

Der Salon der Stadt und das schönste historische Shoppingcenter Italiens (von 1867!) bietet Schutz unter der kunstvollen Überdachung aus Glas und Eisenverstrebungen. Spazier über das prachtvolle Bodenmuster mit dem berühmten Stier und dreh dich dreimal um die eigene Achse, mit dem Absatz auf dessen Weichteilen: Das soll Glück bringen ...

➤ S. 33

MUSEEN IN DER BURG

Das mächtige Castello Sforzesco beherbergt in den *Musei del Castello* eine Vielzahl an interessanten Sammlungen, in denen man problemlos einen ganzen Regentag verbringen kann – und wenn du zwischendurch das Bedürfnis hast, frische Luft zu tanken: Selbst der Wehrgang mit den Schießscharten ist bedeckt.

➤ S. 39

KAFFEE TRINKEN & KATZEN KRAULEN

Was gibt es Entspannenderes, als bei Cappuccino und Apfelkuchen ein weiches Katzenfell zu kraulen? Das *Crazy Cat Cafè* ist nicht nur bei Schmuddelwetter, ein seelenwärmender Ort.

➤ S. 58

PRACHTVOLLE KAUFHÄUSER

In Mailands edlen Kaufhäusern kann man sich stundenlang an den Auslagen ergötzen – und in den hauseigenen Bistros (Foto) eine kulinarische Pause machen.

➤ S. 73, 74

KUNST & KAFFEE

Falls es immer noch regnet, nachdem du dir die modernen Meister in der *Galleria d'Arte Moderna* angeschaut hast, kannst du im zauberhaften Café *LuBar* im Wintergarten der Museumsvilla noch ein Stündchen vertrödeln.

➤ S. 48

BEST OF LOW-BUDGET

FÜR DEN KLEINEN GELDBEUTEL

KUNST FÜR GIGANTEN

Groß, größer, am größten: Neue zeitgenössische Kunst braucht immer mehr Platz. Den findet sie in den ehemaligen Werkshallen *Hangar Bicocca* – und der Eintritt ist frei (Foto)!

➤ S. 51

KÜHLES WASSER FÜR LAU

Trinkwasser frisch, kontrolliert und umsonst: Rund 450 Trinkwasserspender, *draghi verdi* („grüne Drachen") genannt, verteilen sich aufs Stadtgebiet – wo, das zeigt die Karte auf *fontanelle.org* (Menüreiter „Mappa fontanelle").

THEATER, KLASSIK, JAZZ & POP – GRATIS

Schau mal auf die Website von Yes Milano *(yesmilano.it):* Du wirst staunen, was du alles gratis unternehmen kannst – an vielen spannenden Orten und im Sommer auch auf der Piazza Duomo unter freiem Himmel.

MITTAGSPAUSE

Die *pausa pranzo* oder den *light lunch* bieten fast alle Innenstadtrestaurants an, selbst gehobene Adressen: Mittags bekommst du hier günstige Tellergerichte, oft zum Komplettpreis mit Wasser, einem Glas Wein und Espresso inklusive.

SCHÖNE AUSSICHT AUF DEN DOM

Das Domdach mit seinen gotischen Spitzen und Türmchen zum Greifen nah: Auf der *Dachterrasse des Kaufhauses La Rinascente* darf man eine Gratis-Aussichtsrunde drehen.

➤ S. 28

SCHÖNER WOHNEN & KUNST

Die *Casa Boschi Di Stefano* ist voller Gemälde und feiner Art-déco-Möbel. Dank ehrenamtlicher Aufpasser darf man sich die Museumswohnung der Industriellen- und Künstlerfamilie umsonst anschauen.

➤ S. 49

MEERESGETIER IM STADTPARK

Der *Parco Sempione* hinterm Kastell – ohne Autos und Boutiquen – ist ohnehin ideal zum Toben. Und dazu zeigt das kleine, feine *Aquarium* an seiner Fassade Seeungeheuer aus Stein, während im Innern wundersames Wassergetier seine Bahnen durch bunte Becken zieht.

➤ S. 40

COOLES SCHAUKELN

Auf Scheiben, Netzen, Reifen schaukeln kleine und kleinste Kinder in der Parkanlage *Biblioteca degli Alberi* vor der Hochhauskulisse der Porta Nuova.

➤ S. 41

DINOSAURIER & KINDERPARK

Im Naturkundemuseum *Museo Civico di Storia Naturale* im Stadtpark Giardini Pubblici warten Dinosaurier, fliegende Mäuse und Riesenkrebse auf dich. Und in einem beschaulichen Extrapärkchen im Süden des Stadtparks neben der Villa Reale sind die Kinder der Boss: Nur in ihrer Begleitung haben Erwachsene hier Zutritt!

➤ S. 48

EIN MUSEUM (FAST) NUR FÜR KINDER

Keine Angst, in diesem Museum gibts kein langweiliges Rumschauen, im *MUBA – Museo dei Bambini* wird mit viel Laune gespielt.

➤ S. 48

WASSERSPASS & JAHRMARKT

Am künstlichen See *Idroscalo* beim Flughafen Linate kann man baden und paddeln und Kinder und Jugendliche (und nicht nur die) vergnügen sich in den Sommermonaten in der Wasserspaßanlage Acqua Play. Wer dann noch nicht genug hat: Im Norden des Parks breitet sich die Kirmes Europark Milano mit ihren Fahrgeschäften und Attraktionen aus.

➤ S. 91

BEST OF

TYPISCH

DAS ERLEBST DU NUR HIER

GROSSE OPER
Der Höhepunkt des gesellschaftlichen Lebens der Stadt ist die Eröffnung der Opernsaison im weltberühmten Theatertempel (Foto) am 7. Dezember. Wie emblematisch der Name *La Scala* für die Stadt ist, zeigt auch, dass die Mailänder ihr nicht minder bedeutendes Fußballstadion San Siro die „Scala des Fußballs" nennen.
➤ S. 34, 86

COTOLETTA ALLA MILANESE
Das panierte Schnitzel gilt neben dem safrangelben Risotto als Inbegriff der Mailänder Küche. Besonders gut ist es z. B. in der *Osteria Brunello.*
➤ S. 60

LEONARDO DA VINCI
Nicht erst seit dem 500. Todesjahr 2019 dreht sich alles um das Allroundgenie – 20 Jahre hat er in Mailand gelebt und ist seither allgegenwärtig: im *Abendmahlfresko,* in seinem Weingarten *Vigna di Leonardo* und in den Modellen seiner zukunftsweisenden Projekte im *Museo Scienza e Tecnologia.*
➤ S. 42, 101, 44

QUADRILATERO DELLA MODA
Beim Bummel über *Via Monte Napoleone, Via Spiga, Via Manzoni, Via Sant'Andrea* offenbart sich Mailand als Weltstadt der Mode: Eine derartige Konzentration an hocheleganten Boutiquen hast du noch nicht erlebt!
➤ S. 32, 67

ITALIENISCHES DESIGN
Jeder kennt den Sitzsack Sacco von der Möbelmarke Zanotto, die Plastikvase Pago Pago von Enzo Mari, die man auch auf den Kopf gestellt benutzen kann, oder das schräge, bunte Regal von Ettore Sottsass. All diese verspielten Kultgegenstände des italienischen Designs kannst du im *Triennale Design Museum* bewundern.
➤ S. 40

SO TICKT MAILAND

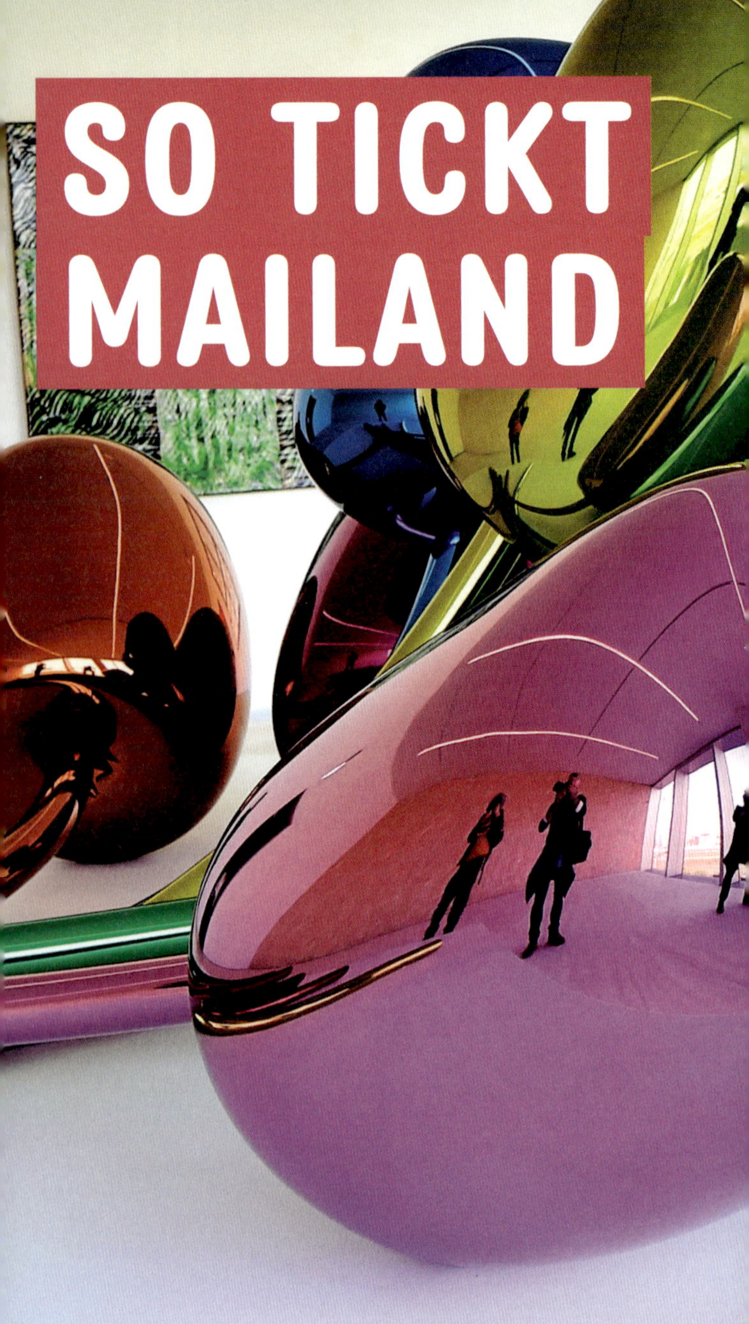

Modezaren als Mäzene: das Ausstellungsensemble der Fondazione Prada

ENTDECKE MAILAND

Ob Tram, Fahrrad oder Buggy: Auf der Einkaufsmeile Via Torino sind viele unterwegs

Mailand hat Klasse: Die Stadt ist dicht, spannend, schick. Hier erlebst du das „andere" Italien, ein pulsierendes Italien des 21. Jhs. Milano ist die Stadt der Kreativen und der Banker. Ob im Maßanzug oder in Turnschuhen – Stil hat sie wie keine zweite. Zwei Mailand-Musts lassen dich ankommen: der Aperitif in einer der schönen Bars und der Blick auf ihre Skyline.

STEIG DER STADT AUFS DACH

Etwa vom Domdach zwischen unzähligen steinernen Heiligen und Dämonen. Einige der edlen Hotels haben Dachbars mit toller Aussicht. Oder du nimmst an einem klaren Tag den gläsernen Aufzug des Aussichtsturms Torre Branca im Parco Sempione: Du blickst auf das mächtige Castello Sforzesco, dahinter der marmorglänzende Dom mit der goldenen Madonnina auf der Turmspitze, in der

- **5.–4. Jh. v. Chr.** Keltische Siedlung
- **3.–5. Jh. n. Chr.** Hauptstadt des Weströmischen Reichs
- **6.–8. Jh.** Nach den Langobarden heißt die Region Lombardei
- **11./12. Jh.** Mailand wird Bürgerstadt und setzt sich gegen kaiserliche Machtansprüche durch
- **14.–Anfang 16. Jh.** Adelsfamilien wie Visconti und Sforza gewinnen die Macht, Kulturblüte mit Leonardo da Vinci und Donato Bramante
- **17.–19. Jh.** Spanier, Österreicher und Napoleon in der Lombardei

Ferne erkennst du im Süden die Apenninhügel, im Norden den majestätischen Alpenkranz – in einer Stunde wärst du auf den Skipisten. Die eleganten Silhouetten der Hochhäuser von Porta Nuova im Nordosten und City Life im Westen formen das Stadtbild neu, von horizontal zu vertikal: einfach großartig. Die zauberhaften oberitalienischen Seen liegen kaum eine Autostunde entfernt und auch das Meer bei Genua ist nicht weit, viele Mailänder haben Ferienwohnungen an der ligurischen Küste. Denn manchmal, auch das gehört zum Mailand-Bild dazu, lastet ein bleigrauer Himmel über den Dächern und kratzt der Smog im Hals – dann wollen alle nur noch weg.

DIE LAGE IN DER MITTE

Inmitten der fruchtbaren Ebene zwischen Bergen und Meer gründeten die Kelten im 4. Jh. v. Chr. eine Stadt am Kreuzungspunkt von Wegen und Flüssen, auf denen Waren und Ideen transportiert wurden. In der römischen Antike hieß sie Mediolanum, war groß und mächtig. Mit ihrem Bischof und Stadtheiligen Ambrogio wurde sie christlich. Die mittelalterlichen Kaiser, die spanischen Bourbonen, die Habsburger, Napoleon, alle versuchten sich diesen reichen Stadtbrocken einzuverleiben. Fürstenfamilien wie die Visconti und die Sforza entwickelten sich und schließlich die Bürger selbst: Sie nahmen im 19. Jh. ihr Schicksal entschlossen in die Hand und machten aus der Stadt das Konsum- und Industriezentrum Italiens – und wieder half ihnen dabei die strategisch gute Lage zwischen dem Süden und Nordeuropa.

1865 Bau der Galleria Vittorio Emanuele II

1919–1943 Italien unter der faschistischen Herrschaft von Benito Mussolini

1990er-Jahre Korruptionsskandale; der Mailänder Multimilliardär und Medienmogul Silvio Berlusconi ist 20 Jahre lang immer wieder Ministerpräsident

2023 Auf dem Gelände der Expo 2015 öffnet der Milano Innovation District MIND, ein Treffpunkt für Menschen mit Ideen für gutes Leben in der Zukunft

2026 Olympische Winterspiele in Mailand und Umgebung

DER MAILAND-HYPE

Heute kommen alle in friedlicher Absicht und freudig erregt – der Mailand-Tourismus ist auch durch die erfolgreiche Expo 2015 in Schwung gekommen; ihre Abermillionen Besucher entdeckten eine neue Stadt, nicht mehr nur die graue, hektische Businesscity, sondern smartes, elegantes urbanes Leben. Mach dich auf den Weg – die Innenstadt ist leicht zu Fuß zu erobern –, schau auf die Fassaden, in die Hauseingänge: Unterschiedliche Baustile folgen dicht auf dicht, prachtvolle Adelspalazzi aus dem 17. und 18. Jh. wechseln sich ab mit stattlichen Bürgerhäusern der vorletzten Jahrhundertwende, mit bizarr dekorierten Palazzi aus dem Liberty – so hieß die italienische Version des Jugendstils – in den ersten Jahren des 20. Jhs. Dann die faschistischen Wuchtbauten der 1930er-Jahre wie der Hauptbahnhof, die Börse und der Justizpalast. Schließlich der Bauboom der Nachkriegszeit, ein Wechselspiel aus anonymen Gebäuden und Hochelegantem. Und heute die gläserne Skyline: Mailand ist im neuen Jahrtausend angekommen. Dazwischen behaupten sich hier und da uralte Kirchen und verschwiegene Plätzchen – ja, die Stadt hat viele Gesichter!

EIN BLICK AUF DEN STADTPLAN

Die Ringstraßen ums Zentrum folgen der Stadtgeschichte: Der *cerchio dei navigli* aus dem Mittelalter war noch bis in die 1930er-Jahre von *navigli,* Kanälen, umflossen. Unter der spanischen Fremdherrschaft ab Mitte des 16. Jhs. bis 1700 wuchs die Stadt und es entstand der Befestigungsgürtel *cinta dei bastioni:* Ein Stück dieser Stadtmauer sieht man noch an einem der Stadttore, der Porta Romana. Die Tramlinie 9 folgt ihm vom Hauptbahnhof und führt an den Stadttoren vorbei: Porta Nuova, Porta Venezia, Porta Vittoria, Porta Romana, Porta Ticinese, Porta Genova – wie Koordinaten helfen sie bei der Orientierung in der Stadt.

EINE OFFENE STADT

Die Stadt gibt sich offen, auch wenn selbst vor Starbucks Sicherheitspersonal den Zutritt reguliert und sich vieles ein bisschen nach Insiderzirkel anfühlt, von den Fashionpartys bis zur Opernpremiere in der Scala. Aber wenn die famosen Eventwochen steigen, wie der Fuori Salone zur berühmten Designmesse im April, die „Weeks" zu Mode, Musik, Film, Food, dann öffnen sich prächtige Palazzi, Kreuzgänge und Höfe, alles wird bespielt, mit Installationen, Ausstellungen und Festen, selbst das Dach des Doms. Auch sozial ist die Stadt offen, ihre Integration der Zuwanderer aus dem Ausland (immerhin gut 20 Prozent!) gilt als vorbildlich.
Selbst wenn es dunkel wird: Der helle Stein im Kunstlicht lässt den Dom glänzen, geheimnisvoll blau schimmert es vom Dach des Scala-Verwaltungsbaus; das Castello Sforzesco kommt am Abend in weißem Lichterglanz zur Geltung, golden glimmt die Kunststiftung Prada und festlich-warme Lampions weisen den Nachtschwärmern längs der Kanäle den Weg: Mailand ist ein hell leuchtendes Licht im derzeit eher gedämpften Europa.

AUF EINEN BLICK

1 398 000
Einwohner

München: 1 472 000

22 000
Mieträder, davon 12 000 E-Bikes

Berlin: ca. 14 000

3500
Statuen und Pinakelspitzen

Dekorfuror am Dom, den jährlich 6 Mio. Menschen besuchen – genauso viele wie den Kölner Dom

277 000
Einwohner mit Migrationshintergrund (= gut 20 %)

Größte Gruppen: Filipinos (40 000) und Ägypter (39 000). Deutsche: gut 2000

HÖCHSTES HOCHHAUS ITALIENS: TORRE UNICREDIT
231 m

Baujahr 2012

JAPANISCHE RESTAURANTS
400

Die Mailänder sind verrückt nach Sushi und Ramen

EINWOHNER IN DER LOMBARDEI
9 Mio.

So viele wie Österreich, mit 24 000 km² aber nur so groß wie Mecklenburg-Vorpommern

EWIGE RIVALEN: FC INTERNAZIONALE MILANO UND AC MILAN

Beide haben dreimal die Champions League und 19-mal die italienische Meisterschaft gewonnen. Nur beim Pokal hat Inter mit 9: 5 die Nase vorn

8000

Bars, Eisdielen und Restaurants für jeden Hunger und jede Geldbörse – in der Peripherie wird Mailand richtig preiswert

STRASSENBAHN-HAUPTSTADT

180 km auf 17 Linien

Berlin: rund 200 km

5 KM STREET-ART

Von über 100 Street-Art-Künstlern an den Mauern rund um das San-Siro-Stadion

MAILAND VERSTEHEN

GLÜCKLICHE STUNDE

Der Aperitif gehört zu dieser Stadt wie die Olive in den Dry Martini. Egal, ob in der Stammbar nebenan, auf der angesagten Dachterrasse oder in der schicken Bar eines Luxushotels: Gegen 18.30 Uhr beginnt das wunderbar urbane Ritual des *aperitivo.* Auch Happy Hour genannt, fällt beim Aperitif der Stress des hektischen Tages ab und du erlebst die Mailänder entspannt mit Freunden oder mit Arbeitskollegen. Man bespricht den Wochenendausflug, die nächste Vernissage, welches neue Lokal man ausprobieren sollte. Die Barkeeper laufen zu Hochform auf, mixen Spritz, Negroni und Moscow Mule. Kein Wunder, dass der rote Campari, Basis für viele Drinks, in Mailand erfunden wurde. Dazu gibt es raffinierte Fingerfoodbuffets, Schälchen mit Pasta, Risotto, Couscous und rohem Gemüse – fast ein Abendessen. Oder klassisch nur Oliven und Salzgebäck – denn der *aperitivo* ist ja vor allem dieser magische Augenblick, in dem man sich vom Alltag löst, um dann befreit und schwungvoll in den Abend und zur *cena,* dem Abendessen, überzugehen.

KREATIVFABRIK

In den 1960er-Jahren schufen drei Mailänder Designer den *sacco,* den tropfenförmigen Sack voller Styroporkügelchen. Dass das lümmelige Sitzmöbel überhaupt produziert wurde und nach wie vor wird, ist den mutigen Firmen in der Lombardei zu verdanken, die bereit sind, die verrückten Einfälle der Designer umzusetzen und auf den Markt zu bringen – Zanotta, Molteni, Artemide, Kartell, Cassina, De Padova heißen sie. Schräge Assoziationen, Ideenspiele ohne Normzwang und lässige Ästhetik im Alltagsleben – die Fachleute sprechen vom Mailänder Modell und dass das einmalig auf der Welt sei. Diesem Modell kannst du im Designmuseum Triennale und in den Showrooms von Artemide oder Kartell nachspüren. Und während sich die Fachleute im April zur Designmesse *Salone Internazionale del Mobile* treffen, zeigen junge Talente in Hinterhöfen und Garagen ihre Projekte und die ganze Stadt verwandelt sich in ein einziges spannendes Atelier, den *Fuorisalone.*

KOKAINPARTY & STINKEFINGER

Ja, in Mailand wird gekokst, das weiß jeder. Und zwar doppelt so viel wie anderswo in Italien. Woher man das weiß? Etwa aus den Analysen der städtischen Abwässer. Eine unangenehme Wahrheit, die Italiens berühmtesten Street-Art-Künstler Blu, der wie der englische Banksy nur unter seinem Künstlernamen bekannt ist, zu seinem *murale* an der Außenwand des PAC inspiriert hat, des Pavillons für zeitgenössische Kunst: Es zeigt eine monströse Koksparty. Kunst legt nun mal den Finger in die Wunde. Der Künstler Maurizio Cattelan tut das mit einem riesigen Stinkefinger aus weißem Marmor, den er der Mailänder Börse an der Piazza degli Affari zeigt. Die Finanzleute, die diesen Finger täglich vor ihren Bürofenstern vorgehalten bekommen, finden das natürlich nicht so witzig. Es wird gekämpft und irgendwie zeigt das ja eher etablierte Mailand hier seine mutige Seite.

BLONDER SALAT

Als die fotogene Stilexpertin Chiara Ferragni aus Cremona 2009 ihren Modeblog The Blonde Salad *(theblonde salad.com)* an den Start brachte, hätte sie es sich nicht träumen lassen, einmal mit rund 30 Mio. Followern zu den erfolgreichsten Bloggern der Welt zu zählen und mit eigenen Modelabels einen Umsatz von 45 Mio. Euro zu erzielen. 2024 zogen allerdings düstere Wolken am rosaroten Super-Influencerinnen-Himmel auf: Die Staatsanwaltschaft nahm Ferragni wegen schweren Betrugs ins Visier. Mit einem unlauteren Spendenversprechen zugunsten eines Kinderkrankenhauses soll sie den Verkauf eines bestimmten Weihnachtskuchens kräftig angekurbelt haben. Auf dem Krankenhauskonto ging allerdings nur eine mickrige Summe ein und die kam vom Kuchenhersteller direkt, während die erfolgsverwöhnte Blondine mit dem Kuchenverkauf Millionen eingestrichen hat.

PLÄTZE FÜR MENSCHEN

Mehr Freiraum für Menschen in der City – wenn es um innovative Urbanität geht, will die Stadt Trendsetterin sein. Neben vielen stadtplanerischen Ideen, die das Herz der Metropole in den letzten Jahren attraktiver gemacht haben, hat auch das Projekt

Ein Kommentar zur Finanzwelt? Maurizio Cattelans Skulptur L.O.V.E. vor der Börse

So gehts doch auch: das grüne Hochhausduo Bosco Verticale im Porta-Nuova-Viertel

Piazze Aperte („offene Plätze") mehr Buntheit und Lebensqualität gebracht. Vielerorts wurden mit einfachen Mitteln Stellflächen für Autos ebenso wie unwirtliche Kreuzungen in Begegnungsorte mit Spiel- und Freizeitflächen verwandelt. Durch das Bemalen der Oberflächen von Verkehrsflächen wurden die *Piazze Aperte* abgegrenzt, Bänke und Kübelpflanzen wurden aufgestellt, mancherorts auch Tischtennisplatten oder Cafétischchen und -stühle. Wie großartig kleine Veränderungen wirken und wie viel bunter und vitaler einige Stellen der Metropole so schon geworden sind, kannst du dir beispielsweise an der *Piazza Dergano (Metro 3 Dergano | 🕮 0)* anschauen oder am *Piazzale Lavater (Metro 1 Porta Venezia | 🕮 M3)*, an der *Piazza Spoleto-Venini (Metro 1 Rovereto | 🕮 0)* oder am *Piazzale Stazione di Porta Genova (Metro 2 Porta Genova FS | 🕮 H7)*. In den kommenden Jahren sollen vor allem vor Schulen triste Asphaltflächen in Fußgänger- und Spieloasen umgestaltet werden. *short.travel/mai11*

IMMER NEUE SZENEVIERTEL

Wie jede lebendige Großstadt durchzieht auch Mailand eine ständige Bewegung: Stadtteile im Abseits werden entdeckt und mit neuem Leben gefüllt, alte Industrieanlagen werden zu neuen Kulturräumen. Das fing an mit den Navigli, dem Viertel um die Kanäle, das sich vom Handwerker- zum Künstler- und heutigen Ausgehspot wandelte. In Bicocca, dem in den 1980ern aufgegebenen, riesigen Industrieareal im Norden, entstanden eine neue Uni, das große Prosa- und Musiktheater Teatro degli Arcimboldi und die spannenden Ausstellungshallen Hangar Bicocca für neue Kunst. Tortona, das einstige innerstädtische Industrie- und Arbeiterviertel, ist heute der Designdistrict mit den Hauptquartieren großer Modemarken. Derzeit wird das Arbeiterviertel Isola im Rücken der Hochhäuser von Porta Nuova erobert und seit Neuestem ist „NoLo" in aller Munde, die bisher eher volkstümliche Gegend im Norden des Piazzale Loreto, mit neuen, lässigen Lokalen und alternativen Märkten.

INSIDER-TIPP **Das neue Szenevierte**

GRÜN & SMART

Du kannst im Bosco Verticale wohnen, in Italiens berühmtestem Hochhauspaar (111 m und 78 m), über Airbnb ist das möglich. An seinen Fassaden wachsen Tausende von Bäumen und Sträuchern senkrecht empor, das ist nicht nur schön, sondern auch smart: ein neues Ökoexperiment, nämlich auf natürliche Weise zu klimatisieren und dabei luftreinigenden Sauerstoff zu produzieren. Typisch für Mailand, dem Smog mit so viel Stil den längst überfälligen Kampf anzusagen. Aber man tut auch sonst eine Menge: Wo die Hochhäuser wachsen, entstehen zugleich offene Parkanlagen mit großer Pflanzenvielfalt, auch ein Verdienst des deutschen, in Mailand lebenden Landschaftsplaners Andreas Kipar. Mustergültig ist die Stadt im öffentlichen Radverleih, im Carsharing, in der Nutzung des Nahverkehrsnetzes, im wachsenden Einsatz von batterie- und methanbetriebenen Bussen, von Hybridtaxis und -PKWs, eine der Metrolinien wird sogar mit Solarenergie bewegt und das Zentrum darf nur mit einer Ökomaut befahren werden. Augenfällige Trends sind Biosupermärkte (z. B. NaturaSì), Biorestaurants und immer mehr junge Designer, die sich fürs Upcycling und Recycling starkmachen.

STREET-ART

Das ach so graue Mailand ist längst bunt. Ein besonders eindrucksvolles *murale* findest du am Corso di Porta Ticinese nahe der Basilika San Lorenzo. *Milan Street Hi-Story* nennt sich dieses Gemeinschaftswerk von elf Künstlern: ein Kaleidoskop aus 2000 Jahren Mailänder Geschichte. In der Fußgängerunterführung vom Bahnhof Garibaldi ins Viertel Isola schicken dich beson-

KLISCHEE KISTE

IMMER NUR ARBEITEN

Alzati e fattura! („Steh auf und mach Umsatz!"): Das ist die klare Ansage für Mailänder im arbeitsfähigen Alter. In Mailand wacht man auf, bevor der Wecker klingelt. Auch hat hier nie einer Zeit, selbst wenn er Zeit hat. Ungeduld und Eile liegen in der Luft, dafür funktioniert aber auch (fast) alles. Man fühlt sich smart, effizient und den anderen Italienern immer voraus. Das trägt nicht gerade zur Beliebtheit der Mailänder bei. Immerhin, mit rund 50 000 Euro erschuften sie Italiens höchstes Pro-Kopf-Einkommen (europäischer Durchschnitt: 30 000 Euro).

MAILAND IST GRAU

Der winterliche Smog, die ältlichen Wohnblocks ... Selbst der helle Dom ist grau – aber was für ein Grau: 50 Shades of Grey, von Graugelb über Silbergrau bis Seidengrau. Wie elegant grau sein kann, zeigt das vom großen Architekten und Designer Aldo Rossi errichtete Monument für den ehemaligen Staatspräsidenten Sandro Pertini neben dem Flagship-Store von Armani an der Via Manzoni: eine regelrechte Steinhymne auf das graue Mailand. Und last, but not least zeigen auch die Mailänder selbst in auf das Allerfeinste nuancierten grauen Kostümen und grauen Anzügen wieder einmal Stil.

ders schöne *murales* von zwölf Street-Art-Künstlern regelrecht auf die Reise. Weitere tolle Bilder findest du an und unter den Brücken der Navigli. Ganz anders im Stil, sehr malerisch, sehr poetisch und sehr politisch, ist die 1000 m² große Wand, die Eron, ein Superstar unter den italienischen Street-Artisten, im neuen Park zwischen den Hochhäusern von City Life bemalt hat: *W. A. L. L. – Walls Are Love's Limits.*

WEIHNACHTSKUCHEN

Was den Deutschen ihr Dresdner Christstollen, ist den Italienern ihr Mailänder Panettone. Die Ursprünge ähneln sich: Zum Weihnachtsfest durfte das im Alltag eher aus einfachem Roggen- und Maismehl gebackene Brot mit weißem Weizenmehl und Süßem wie getrockneten und kandierten Früchten aufgepeppt werden; das legte im Mittelalter sogar ein Gesetz fest. In einem Mailänder Kochbuch von 1853 taucht dann zum ersten Mal Hefe auf. Seither steigt das Gebäck hoch auf, ist locker und weich und wird zum nationalen Weihnachtskuchen. Mailands Traditionsbäckereien wie Cova, Cucchi, Marchesi, Martesana, Sant'Ambroeus, Pavé wetteifern alljährlich um den besten Panettone und Mitte Dezember werden in der Galleria Vittorio Emanuele, der Festlocation schlechthin, Tausende Stücke Panettone verteilt.

BUSINESS

Die Stadt ist im Aufbruchfieber wie lange nicht. Mit ihren vielen Dienstleistungsbetrieben und internationalen Firmensitzen festigt sie ihre Rolle als führendes Wirtschafts-, Finanz- und Kommunikationszentrum Italiens. Hier werden zehn Prozent des italienischen Bruttonationaleinkommens erwirtschaftet und die Arbeitslosigkeit ist nur halb so hoch wie im nationalen Durchschnitt. In der Stadt selbst leben rund 1,4 Mio. Menschen, bei anhaltend starkem Zuzug, zählt man aber den Großraum hinzu, *città metropolitana* genannt, sind es mehr als vier Millionen. Im Weltvergleich der sogenannten Global Cities of the Future zählt der Großraum Mailand zu den reichsten Gebieten der Welt, in Europa steht er an vierter Stelle. 800 000 Menschen pendeln jeden Tag in die Stadt – da kann die Parkplatzsuche zum Geduldsspiel werden. Wie sehr Bildung, Innovation und Wohlstand zusammengehören, beweisen neun hoch spezialisierte, renommierte Universitäten und zahlreiche Forschungsinstitute. Zum Business trägt auch die Dynamik in der Stadtentwicklung bei: Derzeit sind das ehemalige Expogelände sowie 100 ha stillgelegte Rangierbahnhöfe neu zu bespielen.

STADTPATRON

Ambrosius, um 340 n. Chr. in Trier geboren, war Statthalter des Kaisers in Mailand und ließ sich dann vom Volk zum Bischof wählen. Als Bischof lebte er in dauernder Spannung zwischen kaiserlichen und kirchlichen Interessen, die er mit diplomatischem Geschick auch durchsetzen konnte. Seine Reform der Liturgie („ambrosianischer Ritus") hat heute noch Gültigkeit. Und jedes Jahr am 7. Dezember, dem Tag seiner Weihe zum Bischof, wird in

Mailand groß gefeiert: in der Scala zur Spielzeiteröffnung mit Premierengarderobe, auf der Piazza vor der Kirche mit Budenzauber.

PRADA & MEHR

Immer nur Fashion? Das ist selbst den großen Luxuslabels zu wenig. Die Marken, die seit Jahrzehnten das Bild Mailands als internationale Modestadt prägen, wollen mehr. Es sind Modeschöpfer wie Miuccia Prada, die ihr milliardenschweres Imperium aus der Lederwarenwerkstatt ihres Großvaters schuf. Oder Giorgio Armani, der mit seinen „destrukturierten" Jacken dem Blazer alles Steife und Formale nahm, er wurde anschmiegsam und von nonchalanter Eleganz und seither tragen ihn alle, Männer wie Frauen. Diese Modemacher gestalten das heutige Mailand mit, jeder auf seine Art: Giorgio Armani mit dem Modemuseum *Armani Silos* (s. S. 48) und einem eleganten Suitenhotel in der Via Manzoni 31. Trussardi macht mit dem Spitzenrestaurant *Trussardi alla Scala* und Events zu zeitgenössischer Kunst von sich reden. Den spannendsten Spot leistet sich Prada: ein spektakuläres Ausstellungszentrum am südlichen Rand der Innenstadt, die *Fondazione Prada (Largo Isarco 2 | fondazioneprada.org).* Dort hat Stararchitekt Rem Koolhaas alte Industriegebäude raffiniert mit Neubauten kombiniert, in denen nun aufregende neue Kunst gezeigt wird.

Prada im Quadrilatero: Nirgends zeigt Mailand seinen Reichtum so stilvoll (und unverblümt)

SIGHT SEEING

Mailand ist keine Stadt, die sich auf den ersten Blick erschließt – sie will entdeckt werden. Vom Domplatz ist alles fußnah, du lässt dich von einem Punkt zum nächsten treiben: durch die grandiose Galleria Vittorio Emanuele II auf die Piazza della Scala mit der berühmten Oper. Und weiter ins ehemalige Künstlerviertel Brera mit originellen Läden, über dessen alten Dächern die neue Skyline am Bahnhof Porta Garibaldi emporwächst.

Richtung Nordosten bist du in zehn Minuten im Quadrilatero della Moda um die Via Monte Napoleone mit all den glamourösen Luxus-

Die Palazzi historisch, die Kunst (zum Teil) hochmodern: Gallerie d'Italia

stores. Genauso kurz ist der Weg über die Shoppingmeile Via Dante und schon stehst du vor der imposanten Fassade des Castello Sforzesco, hinter der sich der Stadtpark Parco Sempione öffnet. Richtung Südwesten bummelst du über die Via Torino und den Corso Porta Ticinese, gesäumt von Läden – und von 16 imposanten Säulen aus römischer Zeit: In der Antike war Mailand die zweite Stadt nach Rom. Du bist am Hafenbecken Darsena und an den beschaulichen Kanälen Navigli angelangt und nur ein paar Schritte weiter im ehemaligen Industrieviertel, der Zona Tortona, jetzt Szenekiez der Kreativen.

DIE STADTVIERTEL IM ÜBERBLICK

MARCO POLO HIGHLIGHTS

★ **DOM SANTA MARIA NASCENTE**
Eine Kathedrale, der du aufs Dach steigen kannst ➤ S. 28

★ **GALLERIA VITTORIO EMANUELE II**
Mailands schönstes Schaufenster ➤ S. 33

★ **PORTA NUOVA**
Das neue Hochhausviertel mit der Piazza Gae Aulenti ist schon beliebter Treffpunkt für Einheimische wie Besucher ➤ S. 41

★ **CASTELLO SFORZESCO**
Residenz, Wehranlage und ein Vorbild für den Kreml ➤ S. 38

★ **TORRE BRANCA**
Mit dem Fahrstuhl in die Aussichtskabine hoch über der Stadt ➤ S. 41

★ **TRIENNALE DESIGN MUSEUM**
Schräge Regale, coole Lampen, surreale Sitzmöbel: die verspielte Kreativität der Italiener ➤ S. 40

★ **CENACOLO VINCIANO („ABENDMAHL")**
Ein Bild, dem falsche Bärte abgenommen wurden ➤ S. 42

★ **NAVIGLI**
Cocktailbars und jede Menge Restaurants säumen die historischen Kanäle ➤ S. 45

★ **SANT'AMBROGIO**
Geschichte gleichsam zum Einatmen ➤ S. 44

★ **PINACOTECA DI BRERA**
Weltberühmte Bilder vom Mittelalter bis zur Moderne ➤ S. 37

ISOLA
Viale Brianza
Melchiorre Gioia
Via
GARIBALDI, SEMPIONE & BRERA S. 36
Kunst und Design, Kastell und Skyline: viele tolle Hingucker und grüne Ruheoasen
Porta Nuova
Bastioni di Porta Nuova
PORTA GARIBALDI
Aires
LORETO
Corso Buenos
PORTA NUOVA
Giardini Pubblici Indro Montanelli
V. Luigi Majno
Pinacoteca di Brera
Castello Sforzesco
QUADRILATERO S. 32
Oper, Adelspalazzi und Edelboutiquen: Luxus gestern und heute
ia Meravigli
Galleria Vittorio Emanuele II
Dom Santa Maria Nascente
PORTA MONFORTE
CENTRO STORICO S. 28
Dom, Königspalast, römische Säulen und Neonkunst: Hier schlägt das Herz Mailands
Corso Italia
PORTA GENOVA
V. Emilio Caldara
NAVIGLI & TORTONA S. 45
Idylle am Kanal und neue alte Fabriken: Ausgehmeile Navigli und Designerviertel Tortona
Corso Lodi
Viale Umbria
Parco Alessandrina Ravizza
Viale Toscana
Via G. Ripamonti
PORTA ROMANA
Viale Isonzo
iale Tibaldi
500 m
546 yd

Geh auf Schatzsuche: Sobald sich ein Portal öffnet, trau dich hinein! In einen von Säulen gesäumten Innenhof, in eine Gartenidylle oder in eine volkstümliche *casa ringhiera:* So heißen die Wohnblöcke, in deren Innenhöfen man über durchlaufende Außenbalkone in die Wohnungen gelangt. Und steig der Stadt aufs Haupt: Vom *Dachcafé des Kaufhauses La Rinascente* ist der Dom mit seinem phantastischen Steinschmuck zum Greifen nah und tief unten auf dem Platz siehst du das Treiben der Menschen.

WOHIN ZUERST?

Von der zentralen **Piazza del Duomo** *(j3)* gelangt man strahlenförmig in kurzen Spaziergängen zu den Hauptsehenswürdigkeiten der Stadt. Vom Hauptbahnhof führt die Metrolinie 3 Richtung San Donato zum Domplatz (Haltestelle Duomo). Parkhäuser im Zentrum sind z. B. das Parkhaus des Kaufhauses *La Rinascente (Via Agnello 13)* sowie 100 m südlich vom Domplatz das *Autosilo Diaz (Piazza Armando Diaz).* Achtung: Die Zufahrt in die Innenstadt ist *ecopass*-pflichtig (s. S. 134, Kapitel „Gut zu wissen").

CENTRO STORICO

Magnet oder Stern: in seiner Grandezza ist der Dom beides. Seine Strahlkraft begleitet die Menschen seit Jahrhunderten, sie verleiht der Stadt eine besondere Aura. Und wie ein Gral hütet er in seinem grandiosen Inneren ehrfürchtige Mystik – auch das gehört zu dieser sonst so aufs Materielle ausgerichteten Stadt.

Am Domplatz beginnt die Schatzsuche. Unter ihm kreuzen sich die U-Bahnlinien, hier unten meldet man sich auch für die Benutzung eines der orangefarbenen Fahrräder an. Oder besorgt sich eine Karte für den Opernabend in der Scala. Und im Touristenbüro *Urban Center* am Ende der Galleria Vittorio Emanuele II bekommst du die aktuellsten Infos.

1 DOM SANTA MARIA NASCENTE ★

Leicht ist es nicht, in den Dom hineinzukommen. Lange Schlangen warten vor den Eingangsportalen, immerhin besichtigen ihn jedes Jahr 4 Mio Menschen. Beim Warten hat man Zeit dieses gewaltige und zugleich filigrane Kirchengebirge aus Marmor in allen Grau- und Weißtönen zu bestaunen. Trotz der langen Baugeschichte vom 14. bis ins 19. Jh. sind die Generationen von Baumeistern einem Stil, dem der lombardischen Gotik, treu geblieben: ein harmonisches Gesamtgebilde. Mit seiner Außenlänge von 158 m und einer Grundfläche von 11 400 m² gehört der Dom zu den größten Kirchen der Christenheit. Im fünfschiffigen Innenraum fällt durch riesige Fenster farbig gebrochenes Dämmerlicht. In diesem mystischen Licht schreitet man durch einen Wald aus 52 Säulen. Vor der Statue des hei

52 Säulen strukturieren den Innenraum: Mailands Dom ist auch im wörtlichen Sinn riesig

ligen Bartholomäus (1562) bleiben alle erschrocken stehen, denn der schlingt seine abgezogene Haut wie ein Tuch um sich. Der Zugang zu Ausgrabungen der Antike und den Fundamenten der Vorgängerbauten liegt im Innenraum nahe dem Hauptportal. *Tgl., Dommuseum Do–Di 9–19 Uhr | 8 Euro inkl. Dommuseum, 10 Euro inkl. Dommuseum und Ausgrabungen, Tickets online oder vor Ort rechts neben dem Dom am Domplatz | Piazza del Duomo | duomomilano.it | Metro 1, 3 Duomo | 20–60 Min. | j3*

2 DOMDACH

Welchem Dom kann man schon aufs Dach steigen? Hier bringt dich sogar ein Fahrstuhl hinauf. Der Ausblick ist phantastisch und du bist den steinernen Dachbewohnern – Hunderte von Heiligen und Dämonen und allerlei Getier – ganz nah. Auch der tonnenschweren, über 4 m hohen Madonna, von unten eher ein Madönnchen, *Madonnina,* wie die Mailänder sie liebevoll nennen. Im Zweiten Weltkrieg hatte man sie mit schwarzem Tuch abgedeckt, damit sich die Bombenflieger nicht an ihrem goldenen Leuchten orientieren konnten. *Tgl. 9–19 Uhr | 13 (mit Fahrstuhl 15) Euro, inkl. Dombesuch 16, mit Fahrstuhl 22 Euro | Tickets online oder vor Ort rechts neben dem Dom am Domplatz | Treppenzugang von der Nordseite gegenüber vom Kaufhaus La Rinascente, Fahrstühle südlich und nördlich vom Apsisbereich | duomomilano.it | Metro 1, 3 Duomo | 30 Min. | j–k3*

3 PALAZZO REALE & DOMMUSEUM

Ja, Mailand hatte gleich neben dem Dom auch einen Palast für Könige. Napoleon hat hier geschlafen, im Dom nebenan hatte er sich 1805 zum König über Italien krönen lassen: Nach den Plänen von Giuseppe Piermarini entstanden, dem Starbaumeister des 18. Jhs., ist der neoklassizistische *Palazzo Reale* heute Ort hochkarätiger Ausstellungen. Im *Museo del Duomo (Do–Di 10–19 Uhr | Kombiticket für Dom und Dommuseum 8 Euro | duomomilano.it | 1 Std.)* im linken Flügel fasziniert, wie schön die Domschätze – kunstvolle Statuen, Fenster, liturgische Geräte – hier in Szene gesetzt sind. *Di–So 10–19.30, Do bis 22.30 Uhr | 15 Euro Palazzo und Ausstellung | Piazza del Duomo 12 | palazzorealemilano.it | Metro 1, 3 Duomo |* *j–k3*

Zuhause der modernen Meister: Museo del Novecento

4 MUSEO DEL NOVECENTO

Von der Terrasse des Palazzo dell'Arengario hielt der faschistische Diktator Benito Mussolini einst flammende Reden an die Massen auf dem Domplatz. Heute leuchten dir durch die Fenster des eleganten Baus aus den 1930er-Jahren die Neonschleifen eines der Großen der Moderne, Lucio Fontana, den Weg in die sehenswerte Sammlung zur italienischen Kunst des 20. Jhs. Italien hat ja auch moderne Meister. Das beginnt mit den Futuristen – der Avantgarde zu Beginn des Jahrhunderts, von ihnen stammt die Figur auf der italienischen 20-Cent-Münze. Wichtige Namen sind Giorgio De Chirico oder Marino Marini, es folgen die „arme Kunst", die Arte Povera der 70er-Jahre, und aktuelle Videokunst. *Di–So 10–19.30, Do bis 22.30 Uhr | 5 Euro inkl. Ausstellung | Via Guglielmo Marconi 1 | museodelnovecento.org | Metro 1, 3 Duomo | 1¼ Std. |* *j3–4*

5 CA' GRANDA

Die Studenten gehen in diesem grandiosen Gebäudekomplex – seit 1958 Hauptsitz der Universität – ein und aus, mit ihren Laptops hocken sie unter den Säulen der riesigen Innenhöfe. Kaum vorstellbar, dass hier über Jahrhunderte, noch bis 1939, Kranke und Arme um ihr Leben kämpften. Denn das „große Haus" war im 15. Jh. von

den Sforza-Fürsten als städtisches Spital gegründet worden. *Via Festa del Perdono 5 | Metro 1, 3 Duomo, Missori, Tram 12, 16, 24, Bus 54, 94 | 15–30 Min. | k4*

6 PINACOTECA AMBROSIANA

Westlich des Domplatzes tummeln sich Geschäftsleute zwischen Banken und Büros. Aber zugleich geht es hier über eine kleine ruhige Piazza in diese alte Geistesschule. Als Kardinal Federico Borromeo 1618 seine Gemäldesammlung und eine Bibliothek aufzubauen begann, hatte er eine Mission: Schöne Künste und die Wissenschaften sollten der Öffentlichkeit zugänglich sein, nicht nur einer Elite. In der Pinacoteca zählt ein kleines Bild zu den größten Schätzen: schimmernde Tautropfen auf reifen Trauben neben Wurmlöchern im Apfel. Das Leben in all seiner Schönheit und Vergänglichkeit in einem Obstkorb, der *canestra di frutta*, den der große Künstler Caravaggio 1599 malte. Und die *Biblioteca Ambrosiana* hütet den Codex Atlanticus, 1119 Blätter, auf denen Allroundgenie Leonardo da Vinci seine Studien zu Anatomie, Physik und Mechanik festgehalten hat. Sie werden digital gezeigt. *Do–Di 10–18 Uhr | 15 Euro | Piazza Pio XI 2 | ambrosiana.it | Metro 1, 3 Cordusio, Duomo | 1–2 Std. | h3*

7 SAN LORENZO MAGGIORE

Südwestlich des Domplatzes geht es auf die lebhafte Bummelmeile Via Torino und weiter auf den Corso di Porta Ticinese. Plötzlich schiebt sich uralte Geschichte mächtig ins Blickfeld: 16 wuchtige Säulen aus der Antike, als

Mailand eine der größten Städte im Römischen Reich war, bauen sich auf dem Bürgersteig auf. Dahinter erhebt sich die nicht minder mächtige Basilika. Dass sie überhaupt gebaut werden durfte, ist dem bronzenen Mann draußen auf dem Kirchplatz zu verdanken, dem römischen Kaiser Konstantin. Er verfügte im Jahr 313 die Freiheit der Religionen, die bis dahin verfolgten Christen durften ihre Gotteshäuser errichten. Diese Basilika war eine der ersten. Aus dieser Zeit stammen die Mosaikreste in einer Seitenkapelle.

Viele Jahrhunderte sind seither vergangen, zigmal wurde sie umgebaut, heute im klassizistischen Stil des 19. Jhs. mit einer Kuppel aus der Renaissance. Vom hübschen Parco Papa Giovanni Paolo II im Rücken der Basilika hast du einen tollen freien Blick auf die uralten, ineinander verschachtelt gebauten Apsiskapellen. Ein paar Schritte weiter auf dem Corso di Porta Ticinese stehst du vor einem der beiden Tore, die von der mittelalterlichen Stadtbefestigung übrig sind, der Porta Ticinese. *Corso di Porta Ticinese 35 | sanlorenzomaggiore.com | Tram 3 |* *g5*

8 SANT'EUSTORGIO

Im Anschluss an das mittelalterliche Stadttor Porta Ticinese stößt man auf diese uralte Basilika. Wegen vier Knochen liegt sie den Mailändern besonders am Herzen, immerhin sollen sie den Heiligen Drei Königen gehört haben. Ihr Sarkophag im rechten Querschiff ist jedes Jahr am 6. Januar Ziel einer feierlichen Prozession vom Dom hierher. Auch Sant'Eustorgio ist eine ganz frühe Gründung, obgleich heute im Gewand des 13. Jhs. – teils echt, wie der Kirchturm, teils nachrestauriert.

Wer sich für die Renaissance interessiert, schaut sich die kostbare *Portinari-Kapelle* im linken Kreuzgang an. Im *Museo Diocesano (Kapelle und Museum Di–So 10–18 Uhr | 12 Euro)* im Klosterbereich beeindruckt auch die Sakralkunst moderner Künstler. *Piazza Sant'Eustorgio 1 | chiostrisanteustorgio.it | Tram 3, 9, Bus 94 | 1¼ Std. |* *J7*

QUADRI-LATERO

Hier schnellt der Puls der Fashionistas nach oben: Einzigartig ist die Dichte an Edelboutiquen im Quadrilatero d'Oro, dem „Goldenen Viereck", nordöstlich des Domplatzes.

Armani, Dior, Gucci und was es sonst an internationalen Luxus- und Modelabels gibt: Sie alle sind hier mit gleich mehreren Stores vertreten. Dunkle Limousinen fahren vor, Ferraris schieben sich brummend durch die Gassen. Die Verkäufer sprechen Russisch, Japanisch, Chinesisch, Spanisch. Es geht los in der Galleria Vittorio Emanuele II und kulminiert an der Via Monte Napoleone und deren Nebenstraßen. Aber auch auf edle Palazzi stößt man, der Adel und das Großbürgertum haben hier gewohnt und wer es bezahlen kann, logiert hier immer noch. Manche Palazzi sind heute Museen mit intakt erhaltenen Interieurs, die zeigen, auf welch hohem Niveau hier früher gelebt wurde.

9 PIAZZA CORDUSIO

Zeitenwandel an der strengen Piazza: In die Palazzi, einst Post, Banken und Versicherungen, sind Konsumtempel eingezogen wie ein prächtiges Starbucks-Café und japanische Ketten mit Low-Cost-Mode. *Metro 1 Cordusio* | *h3*

10 PIAZZA MERCANTI

Fast eine italienische Altstadt: Nur wenige Schritte vom Domplatz tut sich eine Piazza aus dem Mittelalter auf. In ihrer Mitte erhebt sich auf einer Säulenloggia der *Palazzo della Ragione,* das Rathaus von 1233, in dem sich der Bürgerrat versammelte. Heute werden hier Fotoausstellungen ausgerichtet. In weiteren Gebäuden trafen sich einst die Händler und Notare für die Kaufverträge. Richtung Südwesten stößt du in stillen Gassen wie *Via Victor Hugo* oder *Via Spadari* auf Antiquitäten- und Schlemmerläden. *Metro 1 Cordusio* | *j3*

11 GALLERIA VITTORIO EMANUELE II ★

Il salotto, die gute Stube der Stadt mit Bars, Restaurants, Geschäften, ist ein weltlicher Tempel aus Stein, Stahl und Glas, die erste Shoppingmall des 19. Jhs. Die Kuppel (höchster Punkt 47 m) entspricht mit ihren Innenmaßen der Kuppel des römischen Petersdoms. Als Ausdruck des Bürgerstolzes nach der Nationalstaatsbildung Italiens wurde sie 1867 vom König, nach dem sie benannt ist, persönlich eröffnet. Heute ist sie wieder schick, McDonald's ist aus- und Gucci und Starkoch Carlo Cracco sind eingezogen. Das sagt schon alles. Hübsch ist das *Café Mar-*

Einer der wenigen Orte, wo sich Mailand mittelalterlich präsentiert, ist die Piazza Mercanti

Wo die Early Adopter des 19. Jhs. zechten: Im Camparino wurde 1867 der erste Campari serviert

chesi und im ersten Stock gibt es den Foodmarkt *Il Mercato del Duomo*. Aus der Fotogalerie *Osservatorio Prada (Aufgang zwischen Prada-Boutique und Buchhandlung Feltrinelli)* kann man der Galleria aufs Dach schauen. Ein Must ist der Campari in der Bar *Camparino in Galleria* (s. S. 56) an der Schnittstelle zwischen Galleria und Domplatz. *Piazza del Duomo 21–23/Piazza della Scala | Metro 1, 3 Duomo | j3*

12 TEATRO ALLA SCALA

Sie ist der vielleicht bekannteste Botschafter Mailands in der Welt: die Scala. Das Opernhaus ließ der Architekt Giuseppe Piermarini 1778 errichten. Anfangs bot das Parkett nur Stehplätze. Sitzen konnte man nur in den fünf hufeisenförmigen Logenrängen. Im 19. Jh. erlangte das Theater mit seinen Uraufführungen von Rossini-, Verdi- oder Puccini-Opern Weltruf. Sänger und Sängerinnen wie Enrico Caruso oder Maria Callas schrieben die Erfolgsgeschichte im 20. Jh. weiter.

Die Scala ist zu einem Symbol der Stadt geworden. Als sie im Zweiten Weltkrieg durch Bomben zerstört wurde, baute man sie nach Kriegsende schnell wieder auf – noch bevor Wohnungen, Krankenhäuser oder andere öffentliche Gebäude repariert wurden. Anfang des 21. Jhs. arbeitete der renommierte Tessiner Architekt Mario Botta an der Renovierung der Scala. Die Akustik wurde entscheidend verbessert und auf den Verwaltungstrakt aus dem 19. Jh. setzte Botta einen ellipsenförmigen Aufbau, an dessen Anblick sich heute noch mancher nicht gewöhnt hat. Im angrenzenden *Museo Teatrale alla Scala (tgl. 9.30–17.30 Uhr | 12 Euro | museoscala.org | 50 Min.)* voller Erinnerungsstücke an all die berühmten Primadonnen

und Komponisten schaut man von einer Loge aus in den eindrucksvollen Theaterraum.
Draußen auf der Piazza della Scala ruhen sich die müden Touristen auf Bänken unter dem nachdenklichen Blick des allgegenwärtigen Leonardo da Vinci aus. Die gegenüberliegende Platzseite nimmt der elegante *Palazzo Marino* ein, seit 1861 das Mailänder Rathaus. *Piazza della Scala | teatroalla scala.org | Metro 1, 3 Duomo |* *j2*

13 GALLERIE D'ITALIA

Das Kapital kauft Kunst: Italiens größte Bankengruppe, Intesa Sanpaolo, hat sich bei ihrer Sammlung auf die Kunstrichtungen des 19. und 20. Jhs. konzentriert: In zwei wunderschönen Palazzi (18. und 19. Jh.) an der Piazza della Scala wird der vielfältige Bogen bis ins Heute geschlagen. Dazu wird im *Museumscafé (tgl.)* kunstvoll Espresso getrunken und im Gourmetrestaurant *Vòce (So geschl. | Tel. 02 40 70 19 35 | voceaimoenadia.com | €€€)* edel gespeist. *Di–So 9.30–19.30, Do bis 22.30 Uhr | 5 Euro | Piazza della Scala 6 | gallerieditalia.com | Metro 1, 3 Duomo, Montenapoleone | 1¼ Std. |* *j2*

14 MUSEO POLDI PEZZOLI

Das Privatmuseum in einem Haus aus dem 19. Jh., ebenfalls eines der *Case Museo*, ist von der Atmosphäre her vielleicht das schönste Museum Mailands. Zur reichen Sammlung des letzten Besitzers Gian Giacomo Poldi Pezzoli, die nach seinem Tod 1879 der Allgemeinheit vermacht wurde, gehört Antonio del Pollaiuolos berühmtes „Bildnis einer Frau" (um 1470),

heute das Signet des Museums. Auch nicht schlecht: die wertvolle Uhrensammlung. *Mi–Mo 10–18 Uhr | 14 Euro | Via Alessandro Manzoni 12 | museopoldipezzoli.it | Metro 3 Montenapoleone, Tram 1 | 1 Std. | j–k2*

15 MUSEO BAGATTI VALSECCHI

Die Brüder Fausto und Giuseppe Bagatti Valsecchi wollten so leben wie in der Renaissance, nur 400 Jahre später, im 19. Jh. Dazu ließen sie ihren Palazzo stilecht umbauen und sammelten kostbare Möbel, Kunst und Waffen. Diese extravagante Wunderkammer gehört zu den *Case Museo di Milano (casemuseo.it)*: in Museen umgewandelte, hochkultivierte Wohnbeispiele des Adels und Großbürgertums. *Mi 13–20, Do/Fr 13–17.45, Sa/So 10–17.45 Uhr | 12 Euro | Via Gesù 5/Via Santo Spirito 10 | museobagattivalsecchi.org | Metro 1, 3 San Babila, Montenapoleone, Tram 1, Bus 94 | 1 Std. | k1–2*

16 COSTUME MODA IMMAGINE PALAZZO MORANDO

Im prächtigen Ambiente dieses Adelspalais aus dem 18. Jh. geben Kostüme und glamouröse Ausstellungen Einblicke in Historisches und Zeitgenössisches zur Stadt der Mode. *Di–So 10–17.30 Uhr | Eintritt frei außer bei Sonderausstellungen | Via Sant'Andrea 6 | costumemodaimmagine.mi.it | Metro 1, 3 San Babila, Montenapoleone | 1 Std. | k2*

17 CORSO VENEZIA & VIA MOZART

Am *Corso Venezia*, der ehemaligen Nobelstraße von der Piazza San Babila zur Porta Venezia, stehst du vor alten Adelspalästen wie der *Casa Fontana-Silvestri (Nr. 10)* aus der Renaissance, dem *Palazzo Serbelloni (Nr. 16)* aus dem Neoklassizismus oder dem *Palazzo Castiglioni (Nr. 47)* aus der Jugendstilzeit. Und weiter geht es hinter dem Palazzo Serbelloni in die *Via Mozart* in ein stilles Wohnviertel voller extravaganter Apartmenthäuser aus den Anfängen des 20. Jhs. Allein schon die Treppenhäuser lohnen den Blick. In einem lauschigen Garten bezaubert die Fabrikanten-*Villa Necchi Campiglio (Mi–So 10–18 Uhr | 15 Euro | Via Mozart 14 | casemuseo.it | 40 Min.)*, ein stilvolles Wohnhaus aus den 1930er-Jahren mit Möbeln, Pool und Tennisplatz aus jener Zeit. Im Garten gibts auch ein romantisches Café. *Metro 1 San Babila, Palestro, Porta Venezia | l2*

INSIDER-TIPP
Schöner wohnen im Art-déco-Design

GARIBALDI, SEMPIONE & BRERA

Mächtig bewacht das Castello Sforzesco den Eingang zum Parco Sempione, Mailands grüner Oase.

Im Park erholen sich die Mailänder vom Staub der Stadt und den Klimaanlagen in ihren Büros, zur Mittagspause essen sie ihre mitgebrachten Salate, die Frauen streifen ihre High Heels ab und strecken die nackten

Füße ins Gras. Derweil schießen in und vor der Burg die Touristen ihre Selfies. Östlich des Kastells gelangst du ins Viertel Brera: An mit Flusskieseln gepflasterten Gassen überraschen originelle Läden in hübschen Stadthäusern. Das Flair des Viertels wird noch getoppt, wenn hier in den Design- und Fashionweeks die besten Events und Schauen steigen – und wenn sich am dritten Sonntag im Monat um die Via Fiori Chiari der *Mercatino di Brera* mit Trödel und Blumen ausbreitet. In den Straßencafés um den großen Palazzo di Brera mit der Kunstakademie und der Pinakothek trifft man Studenten und Redakteure des Corriere della Sera, Italiens größter Tageszeitung, die in der Via Solferino ihren Sitz hat. Hier und dort machen einen altehrwürdige Kirchen neugierig wie etwa *San Simpliciano (Piazza San Simpliciano 7)* noch aus dem frühen Mittelalter mit zwei stillen Kreuzgängen. Und wie eine Fata Morgana wachsen nördlich von Brera am Ende der Bummelmeile Corso Garibaldi/Corso Como die gläsernen Hochhaustürme in den Himmel.

18 PINACOTECA DI BRERA ★

Nachhilfe in Sachen Küssen? Die gibts in einer der bedeutendsten Gemäldesammlungen Italiens: Hier hängt die romantischste Kussszene der Kunstgeschichte, „Il Bacio", den Francesco Hayez 1859 malte. Im mächtigen Palazzo di Brera werden aber nicht nur Bilder gezeigt, hier wird auch unterrichtet, wie man sie malt: Seit Beginn des 19. Jhs. gehört zur Pinakothek auch eine renommierte Kunstakademie.
Einige Höhepunkte sind im Saal VI die bewegende „Pietà" von Giovanni Bel-

Bellini, Mantegna, Raffael, Piero della Francesca: In der Brera hängen die großen Namen

lini (1455–60) und der „Cristo morto", den Andrea Mantegna um 1478 in extremer perspektivischer Sicht gemalt hat, sowie in Saal XXIV die „Pala Montefeltro" von Piero della Francesca (1475) und das „Marienverlöbnis" (1504) von Raffael. Im Innenhof triumphiert Napoleon als nackter antiker Gott, schließlich ist seiner Initiative diese grandiose Institution der schönen Künste zu verdanken. Im *Orto Botanico,* einer gratis zugänglichen Ruheoase hinter der Pinakothek, gedeihen die Rosen, deren Essenz man im Museumsshop kaufen kann. Schön ist auch das Museumscafé Fernanda. *Di–So 8.30–19.15 Uhr nach obligatorischer Reservierung unter pinacotecabrera.org | 15 Euro, 1. So im Monat frei) | Via Brera 28 | Metro 2, 3 Lanza, Montenapoleone, Tram 1, 2, 4, 12, 14 | 1½ Std. | j1*

INSIDER-TIPP
Rosenwasser aus dem botanischen Gärtchen

19 STUDIO MUSEO ACHILLE CASTIGLIONI

Aus einem Traktorsitz einen weltberühmten Hocker kreieren: Das gelang Achille Castiglioni (1918–2002), einem der ganz Großen des italienischen Designs. In seinem ehemaligen Atelier, das man nach Anmeldung besichtigen kann, kommt man Castiglionis kreativen Prozessen auf die Spur. *Di–Fr 10, 11 und 12 Uhr | 15 Euro | Piazza Castello 27 | Tel. 02 80 53 60 6 | achillecastiglioni.it | Metro 1, 2 Cadorna, Bus 61, 94 | 50 Min. | H4*

INSIDER-TIPP
Kreativschmiede eines Stardesigners

20 CASTELLO SFORZESCO ★

Streng genommen ist die mächtige Burg ein Fake, in großen Teilen ein gut 100 Jahre alter Neubau. Etwa der Eingangsturm: Im 16. Jh. zerstört, wurde er um 1900 anhand alter Zeichnungen neu gebaut. Am ehesten ähnelt sie heute der Renaissanceresidenz aus dem 15. und 16. Jh., als die Sforza-Herrscher im Exerzierhof ihre Waffenspiele und in den Sälen rauschende Feste veranstalteten. Das waren auch die Mailänder Jahre von Leonardo da Vinci, damals der kulturelle und technische Berater der Fürsten. Freskenreste von ihm sind in den Gemäuern zu finden. Die Burg gefiel auch den Russen, sie stand Modell für den Kreml in Moskau.

Eine erste Festung baute sich die mittelalterliche Herrscherfamilie Visconti hier im 14. Jh. Allerdings weniger, um die Stadt gegen Feinde zu verteidigen, als vielmehr, um selbst vor ihren Untertanen Schutz zu suchen. Mit Recht, denn 1447 rissen diese das Kastell ein. Aus der Burg wurde sogar mal auf die Mailänder geschossen, von den Österreichern Mitte des 19. Jhs. während der Kämpfe um die nationale Unabhängigkeit. Dann war sie lange eine Ruine, bis um 1900, als man sie mit viel Platz für die städtischen Kunstsammlungen wiederaufbaute. Heute ist das Kastell ein offener, großzügiger Treffpunkt mitten im Zentrum. Über die Innenhöfe schlendert man in den Stadtpark, unter dem Sommerhimmel finden Filmvorführungen und Konzerte statt.

Geführte Besichtigungen werden immer samstags um 11 Uhr in engli-

scher Sprache und sonntags um 11 Uhr auf Italienisch angeboten *(Treffunkt 10.45 Uhr am Info-Point | 17–19 Euro).* Im Inneren hinter dem Waffenhof liegen die Zugänge zu den Museumsanlagen (s. folgender Eintrag). *Tgl. 7–19.30 Uhr | Eintritt frei (Museen 5 Euro) | Piazza del Castello 3 | milanocastello.it | Metro 1, 2 Cairoli, Cadorna, Lanza |* *g1–2*

21 MUSEI DEL CASTELLO

Die Spannweite der Sammlungen in der Burg ist enorm: Es gibt lombardische Skulpturen von der Spätantike bis zum Barock, norditalienische Malerei von den Anfängen bis zum 18. Jh., Wandteppiche, Möbel, Musikinstrumente, Waffen, Keramiken und Schmuck. Wer Zeit hat, sollte den Besuch auf mehrere Tage verteilen. Ein Höhepunkt unter vielen ist die unvollendete und deswegen besonders anrührende Skulptur Pietà Rondanini von Michelangelo, die die aufrechte Muttergottes zeigt, wie sie den toten Sohn im Arm hält. Bis wenige Tage vor seinem Tod 1564 hat der Künstler an ihr gearbeitet. Der Skulptur ist ein eigenes Museum im ehemaligen spanischen Spital auf der linken Seite des Waffenhofs gewidmet. *Di–So 10–17.30 Uhr | 5 Euro | Piazza del Castello 3 | Metro 1, 2 Cairoli, Cadorna, Lanza | 1–3 Std. |* *g1–2*

22 PARCO SEMPIONE

Vorweg eine Warnung: Mailand ist nicht mückenfrei! Das spürst du spätestens in diesem schönen Landschaftspark. Seit 1893 erstreckt er sich auf 47 ha im Rücken des Kastells. Wo

Nett zum Runterkommen: Piazza Gae Aulenti zwischen den Hochhäusern der Porta Nuova

einst die Soldaten marschieren und schießen lernten, wird sich heute am Fitnessparcours abgearbeitet und lernen die kleinen Mailänder Rad fahren. An romantischen Brückchen über Seerosen wird gebalzt und auf Sportplätzen gebolzt.

Im Park finden sich auch das *Acquario (Di–So 10–17.30 Uhr | 5 Euro, Kinder 3 Euro | acquariodimilano.it | 1 Std.)* in einem kleinen Jugendstilbau von 1906 und der *Arco della Pace,* der „Friedensbogen" für Napoleon, ein beliebter sommerabendlicher Treffpunkt für Dates. An Kiosken gibt es *bibite* und *gelati. Tgl. 6.30–20, März–Okt. bis 21/22/23.30 Uhr | Zugänge Piazza Castello, Viale Alemagna und Piazza Sempione | Metro 1, 2 Cairoli, Cadorna, Lanza |* *H–J 3–4*

23 TRIENNALE DESIGN MUSEUM ★

Jetzt mal keine Fragen stellen, wir wollen nicht wissen, was die Riesenschwimmente über die beiden nackten Männer in der geheimnisvollen Badewanne denkt. Der Brunnen *Bagni Misteriosi* (1973) des Künstlers Giorgio De Chirico gehört zum Garten des imposanten 30er-Jahre-Baus *Palazzo dell'Arte* im südwestlichen Teil des Parco Sempione. Hier sitzt das tolle Designmuseum mit all den glorreichen Italian-Style-Kreationen und neuen Schauen, ein Treffpunkt der Kreativen mit Café und Panoramarestaurant auf dem Dach. *Di–So 11–20 Uhr | 15 Euro | Viale Emilio Alemagna 6 | triennale.org | Metro 1, 2 Cadorna, Bus 61, Tram 1 | 1–1½ Std. |* *H3–4*

24 TORRE BRANCA ★

Genau 108,6 m hoch ist der Turm am westlichen Eingang in den Parco Sempione, der nach Plänen des Architekten Giò Ponti errichtet wurde. Sponsor war die bekannte Spirituosenfirma Branca. Von der Aussichtskabine hast du einen tollen Blick über die Stadt – und zwar bei garantiert gutem Wetter, denn anderenfalls bleibt der Turm geschlossen. Eindrucksvoll sind auch die Aussichten auf das Lichtermeer bei den abendlichen Öffnungen. *Mitte Mai–Sept. Di–Fr 15–19 und 20.30–24, Mi außerdem 10.30–12.30, Sa/So 10.30–14, 14.30–19.30 und 20.30–24, Okt.–Mitte Mai Mi und Fr 10.30–12.30 und 15–18.30, Sa/So 10.30–14 und 14.30–19, Sa auch 20.30–24 Uhr | 6 Euro | Viale Alemagna/Parco Sempione | Info zu wetterbedingten Schließungen Tel. 0 23 31 41 20 | museo branca.it | Metro 1, 2 Cadorna, Bus 61, Tram 1 | H3*

25 PORTA NUOVA ★

Hier wird Mailand vertikal: Vom kurzen *Corso Como* aus, den Bistros, ein paar Nachtlokale und Boutiquen säumen, darunter Mailands schönster Concept-Store in der Hausnummer 10, gelangst du mitten in diese gläserne Hochhausenklave. Hier wächst auch der *Bosco Verticale,* der „vertikale Wald", die beiden berühmten grünen Wohntürme. Zu Füßen der Hochhäuser hat sich an der zentralen *Piazza Gae Aulenti* mit Cafés, Läden und abendlichen Konzerten ein reges Bummelleben entwickelt. Und man sieht, wie sich die neuen Bauten in das anschließende alte Arbeiterviertel *Isola* vorarbeiten. Scharnier ist eine neue Parkanlage mit zig verschiedenen Baumarten, die *Biblioteca degli Alberi:* eine kleine, feine Kinder- und Familienoase. *Metro 2 Garibaldi FS | K2*

MAGENTA & SANT'AMBROGIO

Mailands schönste Wohngegend – sagen die, die dort wohnen – beginnt am Corso Magenta, der vom Zentrum westwärts führt.

Du spazierst an stattlichen Wohnhäusern mit begrünten Dachterrassen entlang und triffst die Bewohner in einem der ältesten Cafés Mailands, der *Pasticceria Marchesi (Mo geschl. | Via Santa Maria alla Porta 11a)* gleich am Anfang des Corso Magenta. Ein paar Schritte weiter warten die Menschen auf ihren Zutritt zu einem veritablen Höhepunkt der Kunstgeschichte: dem „Abendmahl" von Leonardo da Vinci. Und vor der uralten Basilika Sant'Ambrogio begegnen dir Studentengrüppchen der Università Cattolica und Hochzeitsgesellschaften.

26 SAN MAURIZIO AL MONASTERO MAGGIORE

Bitte nicht am Portal dieser eindrucksvollen Klosterkirche aus der Renaissance vorbeilaufen: Ihr Inneres – der hintere Teil war für die einst in Klausur lebenden Benediktinerinnen aus reichen lombardischen Adelsfamilien

Die Renaissancekuppel von Santa Maria delle Grazie schuf Donato Bramante

bestimmt – ist von Bernardino Luini und seiner Werkstatt in zarten Farben wie eine Graphic Novel über und über mit Bibel- und Heiligengeschichten ausgemalt (Lieblingsszene: die Arche Noah!). In der Kirche finden regelmäßig kostenlose Konzerte statt; hier steht auch die älteste Orgel der Stadt, eine Antegnati von 1554. Nebenan im Klosterbereich ist das *Archäologische Museum (Di–So 10–17.30 Uhr | 5 Euro | 50 Min.)* untergebracht. Im Untergeschoss und im Garten sind noch Teile der römischen Stadtmauer sichtbar. Neben römischen Fundstücken, darunter schöne Mosaikfußböden, die u.a. beim U-Bahn-Bau ausgegraben wurden, zeigt ein großes Stadtmodell, wie imposant Mailand in der Antike ausgesehen hat. *Di–So 9–19.30 Uhr | Corso Magenta 15 | Metro 1, 2 Cadorna, Tram 16, 19 |* *g3*

27 CENACOLO VINCIANO („ABENDMAHL") ★

Um Leonardos weltberühmtes Wandgemälde in Augenschein zu nehmen, muss man sich mindestens drei Monate im Voraus anmelden (telefonisch oder via Internet). Dann darf man für

15 Minuten das ehemalige Refektorium (Speisesaal) des Dominikanerklosters von Santa Maria delle Grazie betreten. Leonardo hat für das 1495–97 entstandene Bild genau den Augenblick des Abendmahls gewählt, in dem Jesus vorhersagt, dass ihn einer von den Jüngern verraten werde. Die Apostel, aufgelöst in Dreiergruppen, sind aufs Höchste bestürzt und erregt. Die großformatige, mit 4,2 m Höhe und 9,1 m Breite geradezu riesige Darstellung (bis dahin handelten Künstler das Thema eher auf kleineren Tafelbildern ab) schlug in die Kunstgeschichte ein wie die Breitwand in die Kinogeschichte. Das dramatische Spiel der Hände, die theatralische Anordnung wie auf einer Bühne und die (heute kaum noch nachzuvollziehende) Verschmelzung der Farben hatten das Bild sofort berühmt gemacht – noch bevor Leonardo die Arbeiten abschloss, zirkulierten bereits Stiche mit Kopien. Der Künstler verwendete aus ästhetischen Gründen Temperafarben, die er auf den trockenen Verputz auftrug wie bei einem Tafelbild – und nicht mit der Freskotechnik in die noch feuchte Wand, bei der die Farben dann eintrocknen konnten und lange erhalten blieben. Bereits nach 20 Jahren war das Bild beschädigt. Überschwemmungen und schwere Zerstörungen haben immer wieder Restauratoren auf den Plan gerufen, die manchmal sogar Details wie Bärte oder Tücher hinzufügten. Bei der jüngsten, gründlichen Restaurierung, die fast 20 Jahre gedauert hat, ist der möglichst originalgetreue Zustand des Bilds wieder hergestellt worden – und alle falschen Bärte wurden abgenommen. *Di–So 8.15–18.45 Uhr nach Anmeldung online auf cenacolovinciano.vivaticket.it oder unter Tel. 02 92 80 03 60 | 15 Euro | Piazza Santa Maria delle Grazie 2 | short.travel/mai5 | Metro 1, 2 Conciliazione, Cadorna, Tram 16 |* *H4*

28 SANTA MARIA DELLE GRAZIE

Die Kirche gehört zum Dominikanerkloster gleich nebenan, in dessen Speisesaal Leonardo da Vinci sein Abendmahl malte. Großartig und elegant, sieht man ihr an, dass sie keine Kirche fürs Volk war, sondern für die

Oberschicht. Das ist sie auch heute noch: Zur Sonntagsmesse kommen die feinen Mailänder Familien aus der Nachbarschaft. Kein Geringerer als Donato Bramante (1444–1514), der zu den ganz großen Architekten des 15. Jhs. zählte und den Petersdom in Rom entwarf, vollendete die Kirche ab 1492 im schönsten Renaissancestil. Den stillen Kreuzgang *Chiostro delle Rane* verzaubert ein Brunnen mit bronzenen Fröschen und im Frühjahr blühenden Magnolien. Gleich gegenüber geht es hinein in eine weitere Gartenoase, die *Vigna di Leonardo*, einen Weingarten, der Leonardo gehört haben soll. *Piazza Santa Maria delle Grazie 2 | Metro 1, 2 Conciliazione, Cadorna, Tram 16 | H4–5*

INSIDER-TIPP
Hier schweigen selbst die Frösche

29 MUSEO NAZIONALE SCIENZA E TECNOLOGIA LEONARDO DA VINCI

Aus dem Benediktinerkloster, das zwischenzeitlich sogar als Kaserne diente, wurde 1953 Italiens wichtigstes Technik- und Wissenschaftsmuseum mit zahlreichen Erfindungen, die man interaktiv ausprobieren kann, darunter nachgebaute Projekte des Wissenschaftsgenies Leonardo und ein echtes U-Boot. *Di–Fr 9.30–17, Sa/So 9.30–18.30 Uhr | 10 Euro, Kinder 7,50 Euro | Via San Vittore 21 | museoscienza.org | Metro 2 Sant'Ambrogio, Bus 50, 58 | 1½ Std. | H5*

30 SANT'AMBROGIO ★

Du betrittst den von Säulen flankierten Vorhof und gelangst in eine andere Welt, in den heiligsten Ort der

In der Kapelle San Vittore in Ciel d'Oro in Sant'Ambrogio ist Mailands Stadtpatron porträtiert

Stadt: in die wunderbar stimmungsvolle Basilika aus verwittertem Backstein. Ambrosius aus Trier, im 4. Jh. Bischof von Mailand und einer der spätantiken Kirchenväter des Christentums, hatte sie hier mitbegründet. An seinem Feiertag, dem 7. Dezember, wird alljährlich die Opernsaison der Scala eröffnet. Die heutige Gestalt der Basilika geht auf das 12./13. Jh. zurück. Von 835 ist der kostbar vergoldete Altar mit Szenen aus dem Leben des Ambrosius, unter ihm liegt der Bischof begraben. In der Kapelle *San Vittore in Ciel d'Oro (Zugang rechts neben dem Altar)* aus dem Jahr 407 findest du ihn als Mosaik porträtiert, kurze Zeit nach seinem Tod: So wird er tatsächlich ausgesehen haben, schmal und ernst. *Mo–Sa 7.30–12.30 und 14.30–19, So 8–13 und 15–20 Uhr | Piazza Sant'Ambrogio 15 | Metro 2 Sant'Ambrogio, Bus 58, 94 |* *H5*

NAVIGLI & TORTONA

Diese beschauliche Grachtenidylle hätte man der Stadt nicht zugetraut: Am Wochenende wird entlang der Ufer der Kanäle, der ★ Navigli, geradelt, flaniert und in den Straßenlokalen geschlemmt.

Stell dir vor, dass die Stadt über Jahrhunderte von einem ganzen Kanalnetz durchzogen war, über das Waren und Menschen nach Norditalien sowie südwärts zum Po und somit bis an die Adria gelangten. Bis auf den Naviglio Grande und den Naviglio Pavese verschwanden die innerstädtischen Kanäle zu Beginn des 20. Jhs. unterm Asphalt. Wo früher Handwerker und Schiffer lebten, zogen Künstler ein. Die Kreativen von heute – Designer, Modemacher, Fotografen, Eventplaner – haben das Nachbarviertel *Tortona* gleich hinter dem Bahnhof Porta Genova für sich entdeckt.

31 NAVIGLIO PAVESE & DARSENA

Beim ersten Sonnenstrahl sitzen die Leute auf den Uferterrassen an der *Darsena* und picknicken mit Mozzarella, Fleischspießchen oder Fischhamburgern, alles Leckereien, die man sich hier an Foodständen oder im kleinen Markt besorgt. Zusammen mit der anschließenden Piazza XXIV Maggio – mit dem Stadttor Porta Ticinese von 1814 und zwei alten Zollstationen – ist das ein beliebter Treffpunkt. Unter der Straßenbrücke beginnt der eher ruhige Naviglio Pavese, der Mailand – heute auch mit einem Radweg – mit Pavia verbindet. *Metro 2 Porta Genova, Tram 2, 9* | *H7–8*

32 NAVIGLIO GRANDE

Die Spaßmeile Mailands: Feine Restaurants wechseln sich ab mit Trattorien, Bierkneipen mit Cocktailbars, Eiscafés mit Sushibistros. An lauen Abenden drängelt man sich zwischen Tischen und Stühlen am Kanalufer entlang. Am letzten Sonntag im Monat kommen noch die Trödel-, Antiqui-

Cafés und Kneipen, Clubs und Restaurants: An den Navigli herrscht tags wie abends Leben

täten- und Kleiderstände hinzu, die Tausende von Menschen an die Ufer des Naviglio Grande – einst die Schiffsverbindung zum Lago Maggiore – ziehen. Im Sommerhalbjahr starten am Anleger Alzaia Naviglio Grande 4 50-minütige *Bootsausflüge (15 Euro | naviglilive.it).* Hier am ersten Uferabschnitt finden sich malerische Ecken wie die alte Waschanlage im Vicolo dei Lavandai und mit dem Innenhof *Cortile degli Artisti (Alzaia Naviglio Grande 4)* einer der letzten Atelierhöfe am Kanal. Ein schönes Fotomotiv ist die eiserne Kanalbrücke, beschwert von unzähligen Liebesschlössern. *Metro 2 Porta Genova, Tram 2, 9* | *D-H 7–8*

33 ZONA TORTONA

Hier gehst du auf Spurensuche, was es alles Neues gibt im spröden Ex-Industrieviertel gleich jenseits des Bahndamms um Via Tortona und Via Savona. Zum Beispiel in der ehemaligen Lokomotivfabrik Ansaldo das von David Chipperfield gestaltete *Museo delle Culture del Mondo MUDEC (Mo 14.30–19.30, Di, Mi, Fr, So 9.30–19.30, Do, Sa 9.30–22.30 Uhr | Dauerausstellung frei, Sonderausstellungen 16 Euro | Via Tortona 56 | mudec.it):* Hier wirft Mailand seinen Blick auf das Kunstschaffen in der großen weiten Welt – mit Völkerkundesammlung und hochkarätigen Ausstellungen.
In Hallen ebenfalls auf dem Ansaldo-Gelände sind die *Bühnenwerkstätten (Via Bergognone 34 | anmelden unter Tel. 02 43 35 35 25 | 30 Euro | short.travel/mai6 | 1¼ Std.)* der Scala untergebracht. Auch die junge Kreativschmiede *BASE (base.milano.it)* hat

hier ihren spektakulären Platz gefunden, mit Coworking-Space, Hostel und Café. Gegenüber hat Armani sein Modemuseum, die *Armani Silos (Mi–So 11–19 | 12 Euro | Via Bergognone 40 | armanisilos.com)* in einem ehemaligen Getreidespeicher und nebenan sein Hauptquartier in einer ehemaligen Schokoladenfabrik. *Metro 2 Porta Genova, Bus 68 |* *G7*

AUSSERDEM SEHENSWERT

34 ROTONDA BESANA & MUBA

Beim Bummel vorbei am mächtigen Justizpalast zum östlichen Stadtteil Porta Vittoria gibt es diese hübsche spätbarocke Anlage zu entdecken: Ein Portikus umschließt den Garten, mittendrin ein Café und das Kindermuseum *MUBA – Museo dei Bambini (Zeiten je nach angebotenen Aktivitäten s. Website | 8 Euro, Kinder 10 Euro | Via Enrico Besana 12 | muba.it | Tram 9, 12, 27, Bus 73, 84 | 1¼ Std.)*. Es ist weniger Museum als Spiellabor mit phantasievollen Animationen. *M6*

35 GIARDINI PUBBLICI INDRO MONTANELLI

Neben dem Parco Sempione die zweite grüne Lunge im Zentrum. Hier befindet sich das Naturkundemuseum *Museo Civico di Storia Naturale (Di–So 10–17.30 Uhr | 5 Euro, bis 18 Jahre frei | Corso Venezia 55 | 1½–2 Std.)* mit Planetarium und tollen Schaukästen mit Tieren in ihrem natürlichen Habitat. Über die südliche Via Palestro hinweg setzt sich der Park fort mit der klassizistischen Anlage *Villa Reale*, Sitz der faszinierenden Kunstsammlung des 19. Jhs., der *Galleria d'Arte Moderna GAM (Di–So 10–17.30 Uhr | 5 Euro | gam-milano.com | 1 Std.)*. Nach dem Kunstgenuss geht es in die *LuBar* zu sizilianischen Spezialitäten im verträumten Wintergarten der königlichen Villa. In den ehemaligen Stallungen werden Ausstellungen zu zeitgenössischer Kunst gezeigt: *Padiglione d'Arte Contemporanea PAC (Di–So 10–19.30, Aug./Sept. 12–19.30, Do immer bis 22.30 Uhr | 8 Euro | pacmilano.it)*. *Zugänge: Via Manin, Via Palestro, Corso Venezia, Bastioni di Corso Venezia | Metro 1, 3 Palestro, Porta Venezia, Turati |* *L3–4*

Street-Art in Isola: Das einstige Arbeiterviertel ist längst schwer angesagt

36 CASA-MUSEO BOSCHI DI STEFANO

In einer stillen Wohnstraße nahe der Shoppingmeile Corso Buenos Aires trug das Industriellenpaar Boschi Di Stefano in seiner mit Stilmöbeln der 1920er- und 1930er-Jahre gestylten Wohnung einen unermesslichen Schatz an italienischer Kunst der Moderne zusammen. Sie liegt im zweiten Stock eines vom damaligen Stararchitekten Piero Portaluppi erbauten Apartmenthauses. *Di–So 10–17.30 Uhr | Eintritt frei, aber Reservierung empfohlen | Via Giorgio Jan 15 | fondazioneboschidistefano.it | Metro 1 Lima, Tram 33, Bus 60 | 30 Min. | N2*

ER-TIPP
Wenn Leben zum Gesamtkunstwerk wird

37 MEMORIALE DELLA SHOAH

Von Gleis 21 wurden 1944 Hunderte von Mailänder Juden in die Konzentrationslager Auschwitz und Bergen-Belsen abtransportiert. Von dieser Tragödie erzählt die Gedenkstätte an der Ostseite des Bahnhofsgebäudes. *Sa–Do 10–16, letzter Fr im Monat 10–18 Uhr | 10 Euro, letzter Fr im Monat frei | Piazza Edmond Jacob Safra | memorialeshoah.it | Metro 2, 3 Centrale | M1*

38 ISOLA

Alle wollen auf die „Insel", in das einst von Bahngleisen isolierte Arbeiterviertel, an das sich heute die neuen Hochhäuser der Porta Nuova hinterm Bahnhof Porta Garibaldi heranschieben. Hier leben dicht an dicht 21 000 Menschen in großen Wohnblocks aus der Jahrhundertwende des 19./20. Jhs., aber die Immobilienpreise steigen. Noch ist die Kiezidentität eher alternativ: Zwischen rauen, mit Graffiti bemalten Mauern entdeckt man Bars, die man eher in Berlin als in Mailand vermuten würde, wie das *Frida (Via Pollaiuolo 3)* mit seinem „postindustriellen" Garten. Alternative Kreativläden siedeln sich an und abends kommt man zum Aperitif und zum Essen in liebevoll gestalteten Lokalen. *Metro 5 Isola* | K–L1

Zaha Hadid hatte den Dreh raus: Generali Tower Lo Storto („Der Verdrehte") in City Life

39 CIMITERO MONUMENTALE

Mailand hat eine regelrechte Stadt für seine Toten: Grabanlagen mit ergreifenden Trauerskulpturen und große Kapellen für berühmte Mailänder Familien in allen erdenklichen Architekturstilen machen aus dem ab 1866 angelegten Monumentalfriedhof ein faszinierendes Freilichtmuseum. Manchen Namen kennst du vielleicht, wie Campari, Motta (Panettone) und Pirelli (Reifen). Im *famedio,* der Ruhmeshalle, liegen der große Schriftsteller Alessandro Manzoni (1785–1873) und der Theatermacher und Nobelpreisträger Dario Fo (1926–2016) begraben. *Di–So 8–18, an Feiertagen bis 13 Uhr | Piazzale Cimitero Monumentale | comune.milano.it/monumentale | Metro 5 Monumentale, Tram 2, 9, 14, Bus 94* | H–J1

40 CITY LIFE

Immer höher hinaus: Kaum steht die Skyline an der Porta Nuova, wächst hier im Nordwesten auf dem ehemaligen innerstädtischen Messegelände der zweite Hochhauskomplex in den Himmel. Weltarchitekten wie Daniel Libeskind, Zaha Hadid und Arata Isozaki gestalteten schlanke Bürotürme und traumschiffartige Wohnblöcke, dazwischen grünt es und ein neues Center *(citylifeshoppingdistrict.it)* mit jeder Menge Läden und Bistros zieht

Die enthauptete Medusa: Der Cimitero Monumentale ist teilweise ganz schön spooky

die Menschen hierher. *Metro 5 Tre Torri, Bus 19 | F2–3*

41 CASA MILAN & STADIO GIUSEPPE MEAZZA

Manchem *tifoso* steigen die Tränen in die Augen beim Anblick der goldenen Bälle aus glorreichen Zeiten im Museum des AC Milan, der *Casa Milan (tgl. 10–19 Uhr | 20 Euro | Via Aldo Rossi 8 | casamilan.acmilan.com | Metro 5 Portello | E1)*. Nur wenige Metrostationen und du bist an der „Scala des Fußballs" angelangt: In seiner modernen Großartigkeit ist das 1926 eingeweihte *Stadio Giuseppe Meazza (tgl. 9.30–18 Uhr außer bei Spielen und Events | Stadiontour und Museum 30 Euro | Via Piccolomini 5 | sansirostadium.com | Metro 5 San Siro Stadio, Tram 16 | B2–3)* mit 80 000 Plätzen eine Legende. Nach seinem Stadtteil wird es von allen schlicht *Stadio San Siro* genannt.

42 HANGAR BICOCCA

INSIDER-TIPP
Früher Reifenfabrik, heute Riesenkunst

Im einstigen Industrieviertel Bicocca findet die oft monumentale Kunst der Gegenwart ihre idealen Räume in diesen ehemaligen Werkshallen – etwa Anselm Kiefers „Sieben Himmlische Paläste", bis zu 27 m hohe Ruinentürme aus Metall, die 2004 hier einzogen. Seither ist der Hangar, gesponsert von der Reifenfirma Pirelli, ein spannender Ort für künstlerische Experimente und ein nettes Caférestaurant gibt es auch. *Do–So 10.30–20.30 Uhr | Eintritt frei | Via Chiese 2 | hangarbicocca.org | Bus 87, 728 | 1 Std. | b4*

ESSEN & TRINKEN

Vom *risotto milanese* bis zur Ethnoküche: Auch die kulinarischen Moden wechseln schnell in Mailand – eine Stadt, die immer in Bewegung ist, kommt auch beim Essen nicht richtig zur Ruhe. Kaum ist ein Lokal angesagt, ist schon wieder ein anderes in Mode.

Während die Luxushotels mit ihren Gourmetrestaurants wetteifern und auch die Museen mit superben Restaurants aufwarten – so das MUDEC, das Museo del Novecento, das Triennale Design Museum, die Gallerie d'Italia und sogar die Fondazione Prada –, gehen junge

Cremig, sämig, safrangolden: Ein echtes *risotto milanese* ist Comfort Food vom Feinsten

Leute andere Wege: Sie machen ihre eigenen Lokale auf, eher All-Day-Bistros oder Cafés für den genussvollen Alltag, unkompliziert und doch stylish, mit Qualitätsprodukten aus allen Regionen Italiens und guten Cocktails.

Food ist das große Thema, neue Foodmärkte machen auf wie etwa am Hafenbecken Darsena. Moderne Bistros kochen bio oder vegetarisch und vegan. Und für italienische Verhältnisse ungewöhnlich weltoffen ist der Appetit der Mailänder, ob auf Sushi, Fusion oder Poke.

WO MAILAND ISST

MARCO POLO HIGHLIGHTS

★ **CAMPARINO IN GALLERIA**
Auf einen Drink in die Bar, wo der Campari erfunden wurde ➤ S. 56

★ **SIGNOR VINO**
Tolle Weine und Spezialitäten aus ganz Italien ➤ S. 65

★ **JOIA**
Haute Cuisine geht auch ohne Fleisch ➤ S. 58

★ **PAVÉ**
Für das Aprikosenteilchen 160 % steht halb Mailand Schlange ➤ S. 58

★ **IL LUOGO DI AIMO E NADIA**
Für Gourmets eines der Topziele Italiens ➤ S. 58

★ **RISOTTO MILANESE**
Ein Hochgenuss der Mailänder Küche, unbedingt probieren – z. B. im *Ratanà* ➤ S. 62

VIA PAOLO SARPI
Hipster und Chinesen bei Wein, Pasta und Asian Food

BRERA & PORTA GARIBALDI
Alte und neue Cafés, feine Trattorien, stylishe Bistros

ZONA TORTONA
Wo das Kreativvolk in die Mittagspause geht

ale Edoardo Jenner
Viale Marche
Viale Zara
GRECO
Viale Stelvio
MONTALBINO
DERGANO
ISOLA
Alternative Speiselokale, beliebte Restaurants, Nachbarschaftsbars, Newcomer
Isola
Gioia
Via Melchiorre Gioia
Cimitero Monumentale
Monumentale
ZWISCHEN PORTA VENEZIA UND PORTA ROMANA
Cafés, Restaurants, Cocktailbars, Märkte
ISOLA
Bastioni di Porta Nuova
Pavé
Joia
Corso Buenos Aires
PORTA GARIBALDI
Moscova
PORTA NUOVA
Fontana ell'Acqua Marcia
Giardini Pubblici Indro Montanelli
Porta Venezia
PORTA SEMPIONE
astello orzesco
Lanza
Viale Luigi Majno
Manzoni
Palestro
Via Alessandro
Cairoli
Cadorna FN
Cordusio
Camparino in Galleria
Signor Vino
PORTA MONFORTE
Corso Italia
Missori
PORTA VITTORIA
Viale Emilio Caldara
PORTA GENOVA
PORTA TICINESE
Angesagte Streetfoodspots rings um das Hafenbecken Darsena
Porta Romana
Viale Umbria
Via Giuseppe Ripamonti
Corso Lodi
Parco Alessandrina Ravizza
CONCHETTA
Viale Toscana
Viale Isonzo
Viale Tibaldi
500 m
546 yd

Wer sparen will, geht in ein Kettenlokal wie Panino Giusto mit seinen üppig belegten *panini* (ab 5 Euro). Besonders zentral liegt die Filiale beim Domplatz (Piazza Diaz 6, weitere: *paninogiusto.com*); die meisten sind täglich von 11 bis 23 Uhr geöffnet. *Panini Durini* hat 14 Filialen, besonders beliebt ist die am *Corso Magenta 31 (paninidurini.it). Princi (princi.com)* heißen sechs stylishe Bäckereicafés, z. B. in Brera am *Largo La Foppa 2* oder an der *Piazza XXV Aprile*.

Gegessen wird mittags zwischen 12.30 und 14.30 und abends zwischen 19.30 und 22.30 Uhr, aber in vielen neuen Bistros kann man den ganzen Tag über etwas essen. Auf der Rechnung steht oft auch der Gedeckpreis *(coperto)*, ab 1,50 bis 5 Euro pro Person. In den gehobenen Klassen solltest du grundsätzlich reservieren, wer sichergehen will, tut dies auch bei einfacheren Lokalen. Im August machen viele Bars und Restaurants Ferien.

BARS & CAFÉS

1 BAR BASSO

Diese Bar schafft es, über Generationen angesagt zu bleiben, bei Fashion-People genauso wie in der Nachbarschaft. Stoische Kellner in weißen Jacketts servieren morgens Cappuccino, mittags Sandwiches und bis spätabends den *Negroni sbagliato*, den Kultaperitif des Hauses. Der wird nicht wie üblich mit Gin, sondern leichter mit Spumante gemixt. Dazu gibt es mal kein All-you-can-eat-Buffet, sondern – ganz oldschool – Oliven und Chips. *Di geschl. | Via Plinio 39 | barbasso.com | Metro 1 Lima, Bus 60, Tram 33 | Porta Venezia | N3*

2 CAMPARINO IN GALLERIA ★

Im ersten Stock herrscht außer um die Mittagszeit die entspannte Atmosphäre eines Clubs. Die Gäste blättern in der Zeitung, man nippt am Campari oder wärmt sich mit Cappuccino. Durch große Fenster kannst du auf das Treiben in der Galleria hinunterblicken. Der Tresenraum im Erdgeschoss ist mit Jugendstilmosaiken geschmückt. Ein historischer Ort: Hier schenkte Davide Campari 1867 zum ersten Mal seinen Aperitif aus. *Tgl. | Galleria Vittorio Emanuele II | Metro 1, 3 Duomo | Centro Storico | j3*

3 COVA

Elegant und traditionsreich: Seit 1817 gehen hier die eigenen Backwaren über den Tresen. Treffpunkt für Käufer in den Nobelboutiquen. *Tgl. | Via Monte Napoleone 8 | pasticceriacova.com | Metro 1 San Babila | Centro Storico | k2*

4 GOD SAVE THE FOOD

Ein großes, helles Lokal für den ganzen Tag: Café, *ristorante*, Aperitifbar: eine All-Day-Mischung, wie man sie immer häufiger antrifft. Filialen in Brera *(Piazza del Carmine | h1)* und im Kaufhaus *La Rinascente (Piazza Duomo | j–k3). Tgl. | Via Tortona 34 | godsavethefood.it | Metro 2 Porta Genova | Zona Tortona | G7*

5 LAVAZZA FLAGSHIP STORE

Hier gibt es Italiens berühmteste Kaffeemarke in allen Sorten und Variationen, von der klassischen Moka-Kanne bis zum Brühkaffee in Chemexkannen, das alles natürlich in hyperstylishem Design, und dazu die köstlichen Kreationen des Chocolatiers Guido Gobino. *Tgl. | Piazza San Fedele 2 | lavazza.de | Metro 1, 3 Duomo | Centro Storico | k2*

6 LUCE

Mit einer 100-Lire-Münze lässt sich der Retroflipper zu blinkendem Leben erwecken, alte Schnulzen kommen gratis aus der Jukebox. Kultregisseur Wes Anderson (Grand Budapest Hotel, Asteroid City) hat dieses Café in der Kunststiftung von Prada gestylt, mit bunten Tapeten im Stil eines 50er-Jahre-Kaufmannsladens. Auch die Substanz stimmt, alles ist richtig gut, ob *panini* oder Cocktails. *Di geschl. | Largo Isarco 2 | fondazioneprada.org | Metro 3 Lodi, Bus 65 | Milano Sud | M8*

7 ORSONERO

Fünf Gehminuten von der Porta Venezia entfernt liegt diese Oase für Kaffeegourmets. In der winzigen Bar wird das Heißgetränk aus erlesenen Bohnenmischungen zubereitet. Dazu gibts Brioches und andere Kleinigkeiten, Tischchen drinnen und draußen – und jede Menge Potenzial, Lieblingsort zu werden. *So-Nachmittag und Mo geschl. | Via Giuseppe Broggi 15 | orsonerocoffee.it | Metro 1 Porta Venezia | Porta Venezia | M3*

8 OTTO

In dieser Gegend an der Porta Volta leben seit Generationen die chinesischen Einwanderer – heute wird sie von den Mailändern neu entdeckt. Zu Caffè Latte, Kuchen, Drinks und freiem WLAN packt man seinen Laptop aus, die einen arbeiten, die anderen relaxen. Mittags bei leckeren Suppen, Gemüsequiches und Salaten heißt es Notebook zu und sich Zeit fürs Essen nehmen, abends geht es weiter mit Musik. Im Sommer sitzt man inmitten von Pflanzen auf der großen Terrasse. *Tgl. | Via Paolo Sarpi 10 | sarpiotto.com | Metro 5 Monumentale, Bus 94, Tram 2, 12 | Sarpi-Chinatown | J2*

INSIDER-TIPP
Lässiges Wohnzimmer im Chinesenviertel

Der *Negroni sbagliato* – mit Prosecco statt Gin – ist der Signature Drink der Bar Basso

9 PAUSE

Dieses winzige Café an einer hübschen Seitenstraße des Corso Buenos Aires könnte es mit seinem Vintagestil und seiner Nachbarschaftsgemütlichkeit auch in Berlin geben. Vieles, was im Café an Klamotten und Accessoires zu sehen ist, kann man kaufen. *So geschl. | Via Federico Ozanam 7 | pausemilano.it | Metro 1 Lima | Porta Venezia | N2*

10 PAVÉ ★

Cakes not bombs: ein Motto der jungen Truppe, die dieses entspannte Café nördlich der Giardini Pubblici betreibt. Eine kulinarische Bombe ist die ofenfrische Brioche 160 %, so genannt, weil mit besonders viel Aprikosenmarmelade gefüllt. Für die steht man am Wochenende Schlange. Ofenfrisch sind auch die Gemüsequiches zu Mittag. An großen und kleinen Holztischen macht man es sich bei freiem WLAN gemütlich. *Di geschl. | Via Felice Casati 27 | pavemilano.com | Metro 3 Repubblica | Hauptbahnhof-Piazza Repubblica | L2*

11 CRAZY CAT CAFÉ

Bowie, Blondie oder Jimmy: Das sind nur einige der Samtpfötchen-Stars, zu denen es Mailands Katzenliebhaber zieht, wenn sie Lust auf Kaffee, Kuchen und ein wohliges Schnurren haben. Brunch oder Tapas bekommst du im Katzencafé auch. Und keine Sorge um Hygienestandards – die Tiere dürfen selbstverständlich nicht in die Küche. *Tgl. | Via Napo Torriani 5 | crazycatcafe.it | Tram 1, 5 | Hauptbahnhof-Piazza Repubblica | M2*

EISDIELEN

In Mailand boomen *gelaterie,* nahezu an jeder Straßenecke findet sich eine und allesamt sind sie von recht hoher Qualität. Sie öffnen meist 11–21 oder 23 Uhr. Eine für alle: *Pavé Gelati e Granite (Via Cesare Battisti 21 | Metro 1 San Babila | Porta Vittoria | I3–4)*

RESTAURANTS €€€

12 L'ALCHIMIA

Fragt man einen schicken Mailänder, wohin er seine Gäste ausführen würde, fällt schnell der Name dieses Lokals nahe der Porta Vittoria: urbane, lockere Eleganz, feine, leichte Küche, darunter auch das Mailänder Kotelett, und vorweg oder danach in der Loungebar der eigenwillige Cocktail *La mia Milano* aus Wermut, Campari, dem Rhabarberlikör Zucca und Safran. *Tgl. | Viale Premuda 34 | Tel. 02 82 87 07 04 | ristorantealchimia.com | Tram 9, 19 | Porta Vittoria | M5*

INSIDER-TIPP
Die ganze Stadt in einem Cocktail

13 JOIA ★

Seit Jahren beweist Chef Pietro Leemann in seinem ruhigen Lokal im Viertel Porta Venezia, dass man auch mit rein vegetarischen Zutaten Spitzenküche kreieren kann. *So/Mo geschl. | Via Panfilo Castaldi 18 | Tel. 02 29 52 21 24 | joia.it | Metro 1 Porta Venezia | Porta Venezia | L3*

14 IL LUOGO DI AIMO E NADIA ★

Für Feinschmecker seit Jahrzehnten eine der ersten Adressen: Wer die *cu-*

Unsere Empfehlung heute

Antipasti

CARPACCIO DI BRESAOLA, RUCOLA E SCAGLIE DI GRANA PADANO
Hauchdünn geschnittener, luftgetrockneter Rinderschinken aus dem Veltlin mit Rauke und Parmesanspänen

INSALATA DI NERVETTI
In Kräutern, Öl und Essig marinierte Kalbssehnen

Primi Piatti

MINESTRONE ALLA MILANESE
Gemüsesuppe mit Reis

ZUPPA PAVESE
Fleischbrühe mit gerösteten Brotscheiben und Ei

BUSECCA
Kalbskutteleintopf mit Bohnen

RISOTTO MILANESE
Reis, mit Zwiebeln und Butter angedünstet und mit Safran und Fleischbrühe geköchelt

PIZZOCCHERI
Kurze, breite Bandnudeln aus Buchweizenmehl mit Wirsing und Kartoffeln

TORTELLI DI ZUCCA MANTOVANI
Mit Kürbis gefüllte Teigtaschen aus Mantua

CASONCELLI ALLA BERGAMASCA
Mit Fleisch, Parmesan und Rosinen gefüllte Teigtaschen aus Bergamo

Secondi

OSSOBUCO CON GREMOLATA
In Scheiben geschnittene geschmorte Kalbshaxe mit Sauce aus Kräutern, Knoblauch und Zitronenschale

COTOLETTA ALLA MILANESE
Paniertes und gebratenes Kalbskotelett

CASSOEÛLA
Eintopf aus Schweinefleisch, fetten Würstchen und Wirsing

MONDEGHILI
Gebratene Fleischklößchen

PICCATA MILANESE
Kalbsgeschnetzeltes

Dolci

TIRAMISÙ
Dessert aus Löffelbiskuit, Schokolade und dem lombardischen Doppelrahmfrischkäse Mascarpone

SBRISOLONA
Brüchiges Streuselgebäck mit Haselnüssen

cina italiana und ihre Präsentation auf höchstem Niveau kennenlernen möchte, der macht sich auf den Weg zu diesem edel-modernen Lokal. In der Innenstadt gibt es zwei Ableger: das wunderbar farbig gestylte *Bistro di Aimo e Nadia (So/Mo geschl. | Via Matteo Bandello 14 | 🕮 G5)* und das feine *Vòce* im Museum Gallerie d'Italia *(So-Abend geschl. | Piazza della Scala | 🕮 j2). Mittags und So geschl. | Via Privata Raimondo Montecuccoli 6 | Tel. 02 41 68 86 | aimoenadia.com | Metro 1 Primaticcio | Milano Ovest | 🕮 C6*

15 SETA MANDARIN ORIENTAL

Im Wettlauf um die beste Küche in den Mailänder Luxushotels liegt dieses Hotel der Superklasse weit vorn. Man durchquert die edle Rezeptionshalle und gelangt ins elegante Restaurant mit schönem Innenhof. Mit besten mediterranen Zutaten von Land wie Meer beginnt eine kulinarische Reise der Vollkommenheit; dazu gehört auch der perfekte Service. *So/Mo geschl. | Via Andegari 9 | Tel. 02 87 31 88 97 | mandarinoriental.com | Metro 3 Montenapoleone | Centro Storico | 🕮 j1–2*

RESTAURANTS €€

16 BELÈ

An den Navigli reiht sich ein Lokal ans andere, voll sind sie alle und die Qualität ist auf den ersten Blick kaum einzuschätzen. Wenn du kulinarisch auf Nummer sicher gehen möchtest, schlag dich in die ruhigeren Seitengassen. Da verbergen sich superbe Adressen wie dieses angenehme, moderne Restaurant. An der Bar kann man mit einem Aperitif beginnen, um sich dann am Tisch von der mediterranen Küche der jungen Chefköchin Giulia Ferrara verwöhnen zu lassen. *Mo und außer Sa/So mittags geschl. | Via Angelo Carlo Fumagalli 3 | Tel. 02 36 64 29 33 | beleristorante.com | Metro 2 Porta Genova | Navigli | 🕮 H7*

17 BIOESSERI BRERA

Überall in Mailand öffnen Biorestaurants wie dieses freundliche, moderne Lokal mitten in Brera. Man kann schon mit dem Frühstück starten. Weiter geht es bis abends mit einfallsreich zubereiteter Küche nur aus Biozutaten – auch Veganern schmeckt es hier. *Tgl. | Via Fatebenefratelli 2 | Tel. 02 89 07 10 52 | bioesseri.it | Metro 3 Montenapoleone | Brera | 🕮 j1*

18 OSTERIA BRUNELLO

In dieser schönen, modernen Trattoria bieten Speisekarte und Weinkeller feine italienische Klassiker, z. B. Tatar von der piemontesischen Rindersorte Fassona oder handgemachte, mit Kürbis gefüllte Ravioli. Ein Höhepunkt ist die ⚑ *cotoletta alla milanese,* kross am Knochen gebraten. Günstige Mittagskarte! *Tgl. | Corso Giuseppe Garibaldi 117 | Tel. 02 65 92 97 3 | osteriabrunello.it | Metro 2 Moscova | Brera | 🕮 J2*

19 EXIT

Aus einem ehemaligen Blumenkiosk auf diesem Plätzchen nahe dem Corso Porta Romana ist ein angesagtes Gourmetbistro geworden. Im Sommer genießt du die wenigen, aber feinen Gerichte auch draußen, dazu gibts exzellente Weine und samstags ein Brunch-

So will man das – norditalienische Klassiker und ein günstiger Mittagstisch: Osteria Brunello

buffet. *So geschl. | Piazza Erculea 2 | Tel. 02 35 99 90 80 | exit-milano.com | Metro 3 Missori, Tram 9, 15, 16 | Centro Storico | ꕤ j5*

20 ALLA CUCINA DELLE LANGHE

In dieser historischen Trattoria am Corso Como schwelgen die *milanesi* gerne mal in den Spezialitäten der Nachbarregion Piemont. Wie wär's mit *tajarin,* millimeterdünn geschnittenen Eierbandnudeln, veredelt mit *tartufo bianco,* dem berühmten weißen Trüffel der Region? Tatar, *cotoletta* & Co. machen Fleischliebhaber glücklich. *Tgl. | Corso Como 6 | Tel. 02 65 542 79 | allacucinadellelanghe.com | Metro 2 Garibaldi FS | Porta Garibaldi | ꕤ K2*

21 FONDERIE MILANESI

Morbide Vintageromantik: In dem faszinierenden Labyrinth aufgelassener Werkshallen und im Gartenhof einer alten Gießerei trifft man sich zum Aperitif, zum Abendessen und sonntags zum Brunch. *Mo und außer So mittags geschl. | Via Gentilino Giovenale 7 | Tel. 02 36 52 79 13 | Facebook | Bus 71, 79, Tram 9, 15 | Porta Ticinese | ꕤ J7*

22 OSTERIA DEL BINARI

Auch das ist Mailand: Gemütliche Gasträume im Stil eines altmodischen Ausflugslokals, im Winter glimmt der Kamin, im Sommer sitzt man unter blühenden Gartenlauben. Und auf dem Tisch dampfen Risotto und Ossobuco, im Winter Wirsing mit Schweinerippchen. Am Sonntag treffen sich hier hinterm Bahndamm von Porta Genova alteingesessene Familien. *Tgl. | Via Tortona 1 | Tel. 02 89 40 94 28 | osteriadelbinari.it | Metro 2 Porta Genova | Zona Tortona | ꕤ G7*

Der König des Safranrisottos: Cesare Battisti vom Ratanà

23 RATANÀ

In der Grünanlage hinter den Hochhäusern von Porta Nuova überrascht eine stilvolle Libertyvilla: im Innern urbane Schlichtheit, hochwertige Slow-Food-Zutaten sowie Klassiker wie das sensationelle ★ Safranrisotto oder *ossobuco*. Mittags sorgfältige Tellergerichte zu erschwinglichem Preis. Ein Hit bei jüngerer, smarter Klientel. *Tgl. | Via Gaetano De Castillia 28 | Tel. 02 87 12 88 55 | ratana.it | Metro 2 Garibaldi FS | Porta Nuova-Isola | K1*

24 SPAZIO

Hier im 3. Stock der Galleria Vittorio Emanuele II – im rechten Flügel, wo ein Fooderlebnis das andere jagt – mit Blick in die Galleria und auf den Domplatz möchte man gern Versuchskaninchen sein, bei den Schülern der Kochschule von Niko Romito, einem Starkoch aus den Abruzzen. Sie machen das richtig gut. *So geschl. | Via Ugo Foscolo 1 | Tel. 02 87 84 00 | ilmercatodelduomo.it | Metro 1 Duomo | Centro Storico | j3*

RESTAURANTS €–€€

25 ANCHE

In Isola hinter der Hochhausenklave Porta Nuova gibt es sympathische Ausgehadressen: Dieses lockere Lokal in rustikalem Vintagestil hat einiges zu bieten, eine Bar mit Kaffee und Cocktails, ein Restaurant mit schmackhaften kleinen und großen Gerichten sowie ofenfrisches Brot und Focacce zum Mitnehmen. *Tgl. | Via Pastrengo/Via Carmagnola | Tel. 33 18 22 40 02 | anche.it | Metro 2, 5 Garibaldi FS | Isola | K1*

26 EL BARBAPEDANA

Eine kleine, gemütliche Trattoria unweit der Navigli, die mit ihrer sorgfältigen Küche erfreut, darunter Traditionsgerichte wie Risotto, *cotoletta* und *ossobuco*. Probier hier die typischen *nervetti!* Alles sehr lecker und reichhaltig. *Mi-Mittag und So geschl. | Corso Cristoforo Colombo 7 | Tel. 02 83 21 17 32 | elbarbapedana.it | Metro 2 Porta Genova, Tram 2, 14 | Navigli-Porta Genova | H6*

27 BERBERÈ

Karges Understatement in der Einrichtung, dafür eine einzigartige Pizza auf dem Teller, aus selbst angesetztem Sauerteig und mit Biozutaten belegt, vom Saisongemüse bis zum cremigen Büffelmozzarella. Diese Pizza bleibt nie schwer im Magen liegen. Man kann auch Viertelstücke mit unterschiedlichem Belag bestellen. Außer diesem Lokal im Viertel Isola gibt es vier weitere Filialen, u.a. im Navigli-Viertel *(tgl. | Via Vigevano 8 | Tel. 02 36 75 84 28 | Metro 2 Porta Genova | H7). Tgl. | Via Sebenico 21 | Tel. 02 36 70 78 20 | berberepizza.it | Metro 5 Isola | Isola | K1*

28 CASCINA CUCCAGNA

Eigentlich heißt das Restaurant *Un Posto a Milano,* aber hier geht es ums Ganze, um eine Bauernhofidylle mitten zwischen Wohnblöcken nahe der Porta Romana: vor allem im Sommer ein grünes Traumplätzchen mit Gartenstühlen zum Abhängen, zum Cappuccino, zum Cocktail, zum Co-Gardening. Im modern-rustikalen Restaurant, am Sonntag der Tummelplatz junger Großstadtfamilien, gibt es herzhafte, wenn auch nicht sehr üppige Küche aus biologischem Anbau. *Tgl. | Via Privata Cuccagna 2/4 | Tel. 02 83 42 10 07 | unpostoamilano.it | Metro 3 Lodi T.I.B.B., Tram 9, 16, Bus 62, 65, 77 | Porta Romana | N7*

29 LA DOGANA DEL BUONGUSTO

Mal nicht modern und stylish, sondern in altem Gemäuer gemütlich inszeniert. Spezialitäten aus ganz Italien kommen auf den Tisch: Entenschinken oder Burrata aus Büffelmilch, natürlich Risotto, Lamm, Süßwasserfisch in grüner Sauce und ein denkwürdiges Tiramisu. Gelegentlich werden Mini-Sommelierkurse und Krimidinners angeboten. *Tgl. | Via Molino delle Armi 48 | Tel. 02 83 24 24 44 | ladoganadelbuongusto.it | Bus 93, Tram 3 | Centro Storico | h5*

30 FUD BOTTEGA SICULA

Aus einer Schreinerwerkstatt wurde ein stylisher Laden mit Regalen voller sizilianischer Delikatessen und dazwischen und draußen auf dem Gehweg Tischen, an denen man Schinken von den schwarzen Schweinen aus den Nebrodi-Bergen, Ziegenkäse aus Ragusa und Hamburger mit Eselfleisch kosten kann. Aber auch Vegetarier werden hier satt – ein Food-Paradies aus dem Süden in einer Seitenstraße des Naviglio Grande. *Außer Fr–So mittags geschl. | Via Casale 8 | Tel. 02 36 52 72 97 | fud.it | Metro 2 Porta Genova | Navigli | H7*

31 ANTICA HOSTARIA DELLA LANTERNA

Ein wenig Italienisch sollte man verstehen, denn Speisekarte gibt es hier

Sizilien auf den Teller gibts im Pastamadre

keine: Die Wirtin verrät mündlich, was sie im Angebot hat – man kann allerdings ohnehin kaum danebenliegen bei der guten Hausmannskost in dieser Trattoria im südlichen *centro storico*. Unbedingt reservieren! *Sa-Mittag und So geschl. | Via Giuseppe Mercalli 3 | Tel. 02 58 30 96 04 | Tram 15, Bus 94 | Centro Storico | K6*

32 NERINO DIECI

Wer hier essen möchte, sollte reservieren. Die moderne, ansprechende Trattoria kann sich vor Ansturm kaum retten. Man versteht schnell, weshalb: Der Ton ist freundlich und die Küche frisch, einfach und dennoch abwechslungsreich. Mittags gibt es ein Lunchangebot. *Sa-Mittag und So geschl. | Via Nerino 10 | Tel. 02 39 83 10 19 | nerinodieci.it | Metro 3 Missori, Tram 2, 14 | Centro Storico | h4*

33 PASTAMADRE

Es gibt nur wenig Platz in dem kleinen, warmen Lokal im lebendigen Viertel um die Porta Romana. Man hockt auf spartanischem, recyceltem Gestühl und wartet geduldig auf die köstliche Pasta aus Biomehl, die der sizilianische Koch mit sonnensüßen Tomaten, Schafskäse, saftigen Auberginen oder Sardinen anmacht. Viele kommen immer wieder und wissen, dass man am besten reserviert. *So geschl. | Via Bernardino Corio 8 | Tel. 02 55 19 00 20 | pastamadremilano.it | Metro 3 Porta Romana | Porta Romana | M7*

34 SAPORI SOLARI

So klingen Erfolgsgeschichten, die auf Qualität setzen: Diese hat angefangen mit einem Delikatessenladen mit exzellentem Schinken und Käse aus ganz Italien. Daraus ist dieses sympathische, immer volle Bistro mit außergewöhnlichen Platten etwa aus Entenschinken, mehreren Sorten Schaf- und Ziegenkäse, Carpaccio aus geräuchertem Fisch geworden. Ein zweites Lokal hat nahe der Shoppingmeile Corso Buenos Aires aufgemacht, *Sapori Solari Cocktail Bistrot (außer So mittags geschl. | Via Antonio Stoppani 11 | Tel. 02 36 51 37 02 | Metro 1 Lima | N3)*, hier kommen originelle Cocktails bis spätabends hinzu. *So-Mittag geschl. | Via Sofonisba Anguissola 54 | Tel. 02 36 51 00 20 | saporisolari.com |*

INSIDER-TIPP
Ein Schlaraffenland nur vom Besten

Metro 1 Bande Nere | Milano Ovest | D5

35 SIGNOR VINO ★

Diese eindrucksvolle Weinhandlung hinter der Domapsis zeigt, was Italiens Weinberge hergeben; dazu wählt man aus der nach Regionen geordneten Speisekarte – zu für diese Lage zivilen Preisen. *Tgl. | Via Pattari 2 | Tel. 02 89 09 25 39 | signorvino.it | Metro 1, 3 Duomo | Centro Storico | k3*

RESTAURANTS €

36 MISCUSI CADORNA

Pasta macht glücklich: Die junge, gut gelaunte Truppe tischt leckere, frische Nudelgerichte auf. In den Stoßzeiten musst du mit Schlangen rechnen. Auf der Website finden sich die Adressen von vier weiteren Filialen dieses Erfolgslokals. *Tgl. | Via Giacomo Leopardi 13 | kein Tel. | miscusi.com | Metro 1, 2 Cadorna | Centro Storico | H4*

37 UPCYCLE MILANO BIKE CAFÉ

Die fahrradbegeisterte Gründertruppe hat die Bikewerkstatt in ein supergemütliches Lokal verwandelt, eine Kultstätte unter den Studenten vom Campus Città Studi. In Strandstühlen oder an langen Gemeinschaftstischen wird gesurft, frische Säfte, gute Biere und Cocktails werden geschlürft, es gibt Veganes, saftige Hamburger, geräucherten Fisch und manchmal Livekonzerte. *Tgl. | Via Andrea Maria Ampère 59 | Tel. 02 83 42 82 68 | upcyclecafe.it | Metro 2 Piola | Città Studi | O2*

DER-TIPP
sen, trinken, surfen, Rad fahren

INTERNATIONALE KÜCHE

38 TENOHA

In diesem minimalistisch-schnörkellosen Concept-Store gibt es leichte japanische Alltagsküche sowie Tisch-, Bade-, Schreibaccessoires im Muji-Stil, aber hochwertiger. *Tgl. | Via Vigevano 18 | Tel. 02 80 88 91 47 | tenoha.it | Metro 2 Porta Genova, Tram 9, 10 | €€ | Navigli-Porta Genova | H7*

39 WARSÀ

Einige gute äthiopische und eritreische Lokale verweisen darauf, dass seit Generationen Einwanderer aus der ehemaligen italienischen Kolonie am Horn von Afrika auch kulinarisch in Mailand heimisch sind. Schöne Atmosphäre zu typischer Musik. *Mi geschl. | Via Melzo 16 | Tel. 33 43 08 29 93 | ristorantewarsa.it | Metro 1 Porta Venezia | €–€€ | Porta Venezia | M3*

Eritrea in Mailand: Warsà

SHOPPEN & STÖBERN

In Sachen Shopping hat Mailand eine unwiderstehliche Sogkraft. Die Erwartungen sind hoch, aber das nimmt die Stadt gelassen. Als Kapitale der Mode, des Designs und der Delikatessen ist sie bestens gerüstet.

Da sind nicht nur die Edelkaufhäuser, die Luxusboutiquen der großen Fashionlabels und alle globalen Markenketten. Jeder wird fündig, egal, nach was er sucht: Neueste Trends oder Vintage wechseln sich ab, Glamouröses, Klassisches und Verrücktes, Märkte und Outlets. Im Unterschied zu touristischen Hochburgen wie etwa Florenz,

Hauptsache, schrill: Aufmerksamkeit ist alles, wo sich ein Modestore an den anderen reiht

wo das Shoppingangebot vor allem auf Touristen zugeschnitten ist, sind in Mailand die Bewohner selbst die besten – anspruchsvollen – Kunden. Im Januar und im Juli/August gibt es die *saldi,* da purzeln die Preise um 30 bis 50 Prozent. Was die Stadt in Sachen Shopping weltberühmt gemacht hat, ist das *Quadrilatero della Moda,* das „Viereck der Mode" um die Via Monte Napoleone. Nicht einmal in New York findet man auf so kleinem Raum ein vergleichbares Angebot von Boutiquen, wo die besten Modeschöpfer der Welt ihre neuesten Kreationen wunderschön präsentieren.

WO MAILAND SHOPPT

MARCO POLO HIGHLIGHTS

★ **QUADRILATERO DELLA MODA**
Das mondäne Viereck der Mode ➤ S. 67

★ **ROSSANA ORLANDI**
Auf den originellen Geschmack dieser Designgaleristin kann man sich verlassen ➤ S. 73

★ **PECK**
Wo Mailand durch den Magen geht ➤ S. 71

★ **ARTEMIDE**
Schöner kann Licht nicht scheinen ➤ S. 72

★ **ARMANI**
Das Haus der absoluten Eleganz ➤ S. 73

★ **LA RINASCENTE**
Ein Kaufhaus mit acht Stockwerken Stil ➤ S. 74

★ **MERCATONE DEL NAVIGLIO GRANDE**
Antiquitäten und Trödel am Kanalufer ➤ S. 76

★ **EATALY SMERALDO**
Bezahlbare italienische Kulinaria: ein großartiger Concept-Store für Foodies ➤ S. 71

CITY LIFE SHOPPING DISTRICT
Neues Shoppen zwischen schicken Bauten

CORSO VERCELLI
Noch mehr shoppen mit italienischen und internationalen Marken

PIAZZA CORDUSIO & VIA DANTE
Auf dem Weg zur Burg Läden und Cafés dicht an dicht

DERGANO
GRECO
Viale Zara
Viale Edoardo Jenner
Viale Marche
Viale Stelvio
PORTA GARIBALDI & PORTA NUOVA
Mit Superadressen wie Eataly und 10 Corso Como
BRERA
Düfte, Design, Originelles, Stilvolles: Wer das Besondere sucht
CORSO BUENOS AIRES
Die endlose Shoppingmeile der Global Player
Gioia
Garibaldi FS
LORETO
Eataly Smeraldo
Bastioni di Porta Nuova
Lima
Corso Buenos Aires
PORTA GARIBALDI
PORTA NUOVA
Moscova
Turati
Porta Venezia
Fontana dell'Acqua Marcia
Giardini Pubblici Indro Montanelli
PORTA SEMPIONE
Viale Luigi Majno
Castello Sforzesco
Armani
Montenapoleone
Quadrilatero della Moda
Cairoli
Artemide
Cordusio
La Rinascente
Peck
Corso Italia
ZWISCHEN GALLERIA VITTORIO EMANUELE & PIAZZA SAN BABILA
Missori
Edelkaufhäuser und Luxusläden
PORTA GENOVA
Mercatone del Naviglio Grande
Viale Umbria
A TORINO & PORTA TICINESE
Corso Lodi
ainstream und in
n Seitengassen
ele Stöberadressen
Parco Alessandrina Ravizza
Via G. Ripamonti
Viale Toscana
Viale Isonzo
Viale Tibaldi
500 m
546 yd

Shopping ist bis 19.30/20 Uhr möglich (manchmal sogar etwas länger).
Am Sonntag haben Läden nur im Zentrum geöffnet und am Montagvormittag bleiben viele Rollläden unten. Während Kaufhäuser und Supermärkte häufig durchgehend geöffnet haben *(orario continuato)*, musst du im Einzelhandel mit einer Mittagspause von 12.30 oder 13 bis 15.30 oder 16 Uhr rechnen. Geschlossen ist Mailand nur dreimal im Jahr: um Ferragosto (15.August) herum, wenn ganz Italien an den Stränden ist, sowie am 7./8. Dezember und an Weihnachten.

BÜCHER, MUSIK & FILME

1 BIRDLAND

Eine Fundgrube für Musikfreunde mit Vorlieben für Jazz, Blues, zeitgenössische Klänge; dazu eine reiche Auswahl an Noten und Musikfilmen. *Via Vettabbia 9 | birdlandjazz.it | Metro 3 Missori, Bus 94 | Centro Storico | 🕮 J6*

WOHIN ZUERST?

Vom Domplatz geht es in die **Galleria Vittorio Emanuele II** *(🕮 j3)* bzw. auf den **Corso Vittorio Emanuele II** zu den Edelkaufhäusern La Rinascente und Excelsior. Etwa 600 m den Corso hinauf erreichst du das **Quadrilatero della Moda** *(🕮 k-l 1-2)*. Weitere Shoppingmeilen, auch für jüngere Leute, sind **Via Dante** *(🕮 h2)* Richtung Castello Sforzesco, **Via Torino** *(🕮 h4)* Richtung Porta Ticinese, **Corso Vercelli** *(🕮 F-G 4-5)* im Westen sowie im Osten der **Corso Buenos Aires** *(🕮 M-N 1-3)*.

2 LIBRERIA BOCCA DAL 1775

In der ältesten Buchhandlung Italiens dreht sich alles um Kunst und daneben gibt es vieles zu Mailand – ein wahres Stöberparadies. Seit dem Bau der Galleria hält sie sich tapfer zwischen all den Luxusläden. *Galleria Vittorio Emanuele II 12 | libreriabocca.com | Metro 1, 3 Duomo | Centro Storico | 🕮 j3*

3 FELTRINELLI

Die größte italienische Buchhandelskette ist mehrfach in Mailand vertreten, u.a. am Domplatz im Untergeschoss der *Galleria Vittorio Emanuele II (Mo–Sa 10–23, So 10–20 Uhr | lafeltrinelli.it | Metro 1, 3 Duomo | 🕮 j3)* zusammen mit *Ricordi CDs* (auch Noten) auf insgesamt 4000 m². In den Filialen im *Bahnhof (🕮 M1)* und in der *Via Manzoni 12 (Mo–Sa 6–19.30, So 7–13.30 Uhr | Metro 3 Montenapoleone | 🕮 j2)* findest du auch fremdsprachige Titel und internationale Presse. Im tollen Bau der verlagseigenen Stiftung nahe der Porta Garibaldi gibt es zum Buch auch ein Café *(Viale Pasubio 5 | Metro 2 Moscova, Garibaldi FS | 🕮 J2)*. Schön Kaffee trinken kann man auch in der Filiale auf der Piazza Gae Aulenti *(Metro 2 Garibaldi FS | 🕮 K2)*.

DELIKATESSEN & WEIN

4 COTTI

Traditionshaus mit rund 1000 italienischen Weinen. Neben dem Laden gibt

Ob fest oder flüssig, delikat oder deftig: Was Italien zum Essen braucht, gibts im Eataly

es eine kleine Bar, die eine Weinauswahl im Ausschank hat. *So/Mo geschl. | Via Solferino 42 | Metro 2 Moscova | Brera |* K3

5 EATALY SMERALDO ★

Die Qualitätsdelikatessen aus ganz Italien dieser hochgerühmten Kette, ein Schlaraffenland für Foodies, haben in einem ehemaligen Theater nahe dem Corso Como ihre angemessene Bühne gefunden. Zum Komplex gehören Bistros, Theken und das Gourmetlokal *Alice*. Eine Eataly-Abteilung gibts auch im Kaufhaus Coin an der Piazza 5 Giornate (M5). *Piazza XXV Aprile | Metro 2 Moscova, Garibaldi FS | Porta Garibaldi |* K2

6 ERNST KNAM

1992 eröffnete Ernst Friedrich Knam aus dem beschaulichen baden-württembergischen Tettnang seine *pasticceria* in Mailand. Seither heimst er als „König der Schokolade" mit seinen Kreationen – z. B. Michelangelos Skulptur der Pietà Rondanini aus weißer Schokolade –, seinen wunderbaren Pralinen und Torten alle erdenklichen Preise ein. *Via Augusto Anfossi 10 | eknam.com | Tram 9 | Porta Vittoria |* M6

INSIDER-TIPP
Weiße Schokolade anstelle von Marmor

7 ESSELUNGA

Eine Filiale der besten Supermarktkette Italiens erstreckt sich unter der Piazza Gae Aulenti zwischen den Hochhäusern der Porta Nuova. *Viale Luigi Sturzo 13 | Metro 2 Garibaldi FS | Porta Nuova |* K2

8 PECK ★

Eine gastronomische Offenbarung auf mehreren Etagen: Pasta und Käse, Marmelade und Wein, Obst und Fleisch, Exotisches und Ausgefallenes.

Übrigens hat Peck auch eine Filiale im neuen Shoppingcenter City Life. Wer Peck nicht gesehen hat, kennt Mailand nicht. *Via Spadari 9 | peck.it | Metro 1, 3 Duomo | Centro Storico | h3*

9 ZAINI

Die köstlichen Schokoladentafeln mit karamellisierten Blüten kommen aus Mailands ältester Schokoladenfabrik (seit 1913!). Die Verpackung ist wunderschön, ein ideales Mailand-Souvenir. Die heiße Schokolade an der Theke bringt dich auf den Geschmack. *Via Carlo De Cristoforis 5 | zainimilano.com | Metro 2 Garibaldi FS | Porta Garibaldi | K2*

DESIGN & LIFESTYLE

10 IL CIRMOLO

Eine Fundgrube für alle, die ein Faible für Retrodesign haben: Von Vintagelampen über Disney-Gummifiguren bis zu Möbelstücken im Industriedesign reicht das handverlesene Sortiment. *Via Fiori Chiari 3 | ilcirmoloshop.com | Metro 2 Lanza | Brera | h1*

11 ARTEMIDE ★

Arco ist die Leuchte, die sich im großen Bogen über den Tisch beugt, *Tolomeo* der Klassiker unter den Schreibtischlampen: Hier findest du die Leuchten der großen Meister wie Achille Castiglioni, Ettore Sottsass, Gae Aulenti, Vico Magistretti, Michele De Lucchi. *Corso Monforte 19 | Metro 1 San Babila | Centro Storico | I2*

12 COLTELLERIA LORENZI

Austernmesser, Nagelbürsten, Mokkamaschinen, Parmesanhobel und Rasierpinsel sind nur einige der edlen Accessoires, die es in dem 100 Jahre alten Laden zu entdecken gibt. *Corso Magenta 1 | o-lorenzi.it | Metro 2 Cadorna, Tram 12, 14 | Centro Storico | g3*

13 10 CORSO COMO

In diesem Lifestyleimperium bestimmt allein der Geschmack der Chefin Carla Sozzani das Sortiment – und der ist erlesen, cool und verspielt zugleich: Mode, Interior, Accessoires, Krimskrams, Kunst- und Fotobände, alles originell und hochpreisig. Das Restaurantcafé im lauschig begrünten Innenhof ist bis Mitternacht geöffnet. *Corso Como 10 | 10corsocomo.com | Metro 2 Garibaldi FS | Porta Garibaldi | K2*

14 FORNASETTI

INSIDER-TIPP
Kunst oder Handwerk? Egal!

Ein ganz früher Pop-Art-Künstler voller Phantasie und voller Farben: Auf drei Etagen und hinter sieben Schaufenstern breitet sich die wunderbare Dekowelt von Designer Piero Fornasetti (1913–1988) aus. Seine Objekte in allen erdenklichen Materialien sind gefragter denn je. *Corso Venezia 21a | fornasetti.com | Metro 1 San Babila | Centro Storico | I2*

15 FOTO VENETA OTTICA

INSIDER-TIPP
Der coole Bli[ck] von Steve McQueen

Es geht in den ersten Stock hinauf in diesen Brillenladen, der ein phantastisches Angebot an Vintage-Brillengestellen hat, Sonnenbrillen aus den 1960er-Jahren, Skibrillen aus den 70-ern – alles der Sammlerfreude dieser Opti-

:erfamilie zu verdanken. *Via Torino 57 | fotovenetaottica.com | Tram 2, 3, '4 | Centro Storico | h4*

16 LISA CORTI HOME TEXTIL

n dem schönen Geschäft zeigt Lisa Cor-:i ihre zauberhaften heiteren Stoffkrea-tionen: Tücher, Tischdecken, Kleider, Hosen, von Farbtönen und Webstof-fen aus Afrika und Indien inspiriert. *Via Lecco 2 | lisacorti.it | Metro 1 Porta Venezia, Tram 9 | Porta Venezia | M3*

17 MARIO LUCA GIUSTI

Die kultigen Krüge aus „synthetischem Kristall" des Florentiner Designers sind federleicht. *Corso Garibaldi '2 | Metro 2 Lanza | Brera | J3*

18 ROSSANA ORLANDI ★

n einer alten Schlipsfabrik in einem verwunschenen Hinterhof (klingeln!) ut sich dieses Paradies mit von Rossana Orlandi ausgewählten Möbeln, Geschirr, Objekten von Designtalenten aus den Niederlanden, Skandinavien, Osteuropa, Asien, Italien auf. Eine extravagante Fundgrube! *Via Matteo Bandello 14/16 | rossanaorlandi.com | Metro 2 Sant'Ambrogio | Centro Storico | G5*

KAUFHÄUSER

19 ARMANI ★ ☂

Ein Kaufhaus der besonderen Art, die Warenwelt von Italiens berühmtestem Modeschöpfer Giorgio Armani: Über die Etagen verteilen sich seine Kreationen, außerdem ein Café, ein Kunstbuchladen und das edle Sushirestaurant *Nobu,* dazu auf dem Dach ein luxuriöses Suitenhotel. Ein paar Schritte weiter auf dem Corso Venezia 14 zeigt *Armani Casa* den exquisiten Geschmack des Schöpfers in Sachen

Cool, cooler, 10 Corso Como: Dieses Styleimperium ist ein Gesamtkunstwerk

Ist das Kunst oder kann man das anziehen? Schaufenster im Armani Store

Interior Design und Wohnaccessoires. *Via Alessandro Manzoni 31* | *Metro 3 Montenapoleone* | *Centro Storico* | *k1*

20 THE BRIAN & BARRY BUILDING

Klingt sehr britisch, dahinter stehen aber die Brüder Zaccardi aus Monza, bekannte Herrenausstatter. Auf den zwölf Etagen dieses hocheleganten Megastores verteilt sich Damen- und Herrenmode von Streetwear bis klassisch, dazu Schuhe, Schmuck, Kosmetik, Lebensmittel und das Gourmetrestaurant *Asola*. *Via Durini 28* | *thebrianebarrybuilding.it* | *Metro 1 San Babila* | *Centro Storico* | *l3*

21 COIN

Der Flagship-Store dieser alteingesessenen, anspruchsvollen Kaufhauskette erstreckt sich über sieben Stockwerke. Ein Plus ist das reichhaltige Wohndesignsortiment, beliebt die Happy Hour im Panoramarestaurant *Globe*. Eine weitere Filiale, *Coin Excelsior*, hat im neuen Shoppingdistrikt City Life aufgemacht. *Piazza 5 Giornate 1a* | *Tram 12* | *Porta Vittoria* | *M5*

22 LA RINASCENTE

Edelkaufhaus auf sieben Etagen mi Brunchrestaurant und Bar auf dem Dach (frei zugängliche Terrasse mi Domblick). Bekleidung, Parfümerie (hier das typisch Mailänder Make up-Label Deborah), Accessoires, De signhaushaltswaren. *Via Santa Rade gonda 3/Piazza Duomo* | *Metro 1,* *Duomo* | *Centro Storico* | *j–k3*

KLEIDUNG & ACCESSOIRES

23 SACCHI GUANTI

Die kleine, feine Boutique für Hand schuhe residiert schon seit 1900 am Corso Magenta. Hier findest du Wä mendes aus Wolle und Leder, das dei ne Hände lässig oder elegant in Szene setzt. *Corso Magenta 15* | *Metro 1, 2 Ca dorna, Tram 16, 19* | *Centro Storico* | *g3*

24 BOGGI

Herrenausstatter, für seine gut ge schnittenen Hemden, Jeans und knap pen Mäntel auch bei jungen Männern beliebt. Gutes Preis-Leistungs-Verhält nis. Elf Filialen, z. B.: *Piazza San Bab la 3* | *boggi.com* | *Metro 1 San Babila* *Centro Storico* | *l2*

25 IL GUFO

Man kann in Mailand schöne Kinder kleidung kaufen. Besonders niedliche Sachen schneidert dieses spezialisier te Label. *Via San Pietro all'Orto 22* | *i gufo.com* | *Metro 1 San Babila* | *Centro Storico* | *k2*

26 ES: IL BELLO DELL'INTIMO

Wunderschöne Dessous und Bademoden mit femininen, mal glamourösen, mal mädchenhaften Kreationen. Auch ans Outfit für die Beachparty ist gedacht. *Foro Bonaparte 71 | Facebook: ESintimo | Metro 1 Cairoli, Tram 1, 4 | Centro Storico | g2*

27 DMAG OUTLET

Textiles, Schuhe, Taschen, Accessoires für Männer und Frauen – der Laden hat sich auf reduzierte Restware exklusiver Designermarken spezialisiert. Mehrere Filialen, u.a.: *Via Bigli 4 | dmag.eu | Metro 3 Montenapoleone | Centro Storico | k2*

28 OFFICINA SLOWEAR

Wer nach Lieblingsteilen sucht, die lange halten sollen: hochwertig verarbeitete Casualmode für Männer. *Via Solferino 18 | slowear.com | Metro 2 Moscova, Tram 12 | Brera | K3*

29 PIUMELLI

Handschuhe aus feinem Leder und in allen möglichen Farben – eine Kultmarke (auch auf dem Corso Matteotti 11). *Galleria Vittorio Emanuele II | piumelli.com | Metro 1, 3 Duomo | Centro Storico | j3*

30 WAIT AND SEE

ER-TIPP
erspieltes Stöberparadies

Ausgefallene Taschen und Accessoires, exzentrische Designstücke, farbenfrohe Kleider – eine Wunderkammer an originellen Fundstücken. *Via Santa Marta 14 | waitandsee.it | Metro 1, 3 Duomo | Centro Storico | h4*

31 VINTAGE CAVALLI E NASTRI

Secondhand auf hohem Niveau bis hin zu Prada und Dior, gern aus den 1970-ern. Weitere Läden in *Hausnummer 12* und in der *Via Brera 2. Via Gian Giacomo Mora 3 | cavallienastri.com | Metro 2 Sant'Ambrogio | Centro Storico | g5*

32 SLAM JAM

Die italienische Marke versammelt in ihrem Laden nahe beim Castello die international angesagtesten Labels in Sachen Streetwear und Sneakers. *Via Giovanni Lanza 1 | slamjam.com | Metro 2 Lanza | Brera | g1*

33 WOK

Eine Boutique mit exklusiver Streetwear, ausgewählte Stücke internationaler Labels, die mit neuen Hightechmaterialien experimentieren. *Viale Col di Lana 5 | wok-store.com | Tram 3, 9, 15 | Porta Ticinese | J7*

KOSMETIK

34 OFFICINA PROFUMO-FARMACEUTICA DI SANTA MARIA NOVELLA

Ein Ableger der berühmten Florentiner Apotheke, die seit 1612 Wohltuendes und Wohlriechendes vertreibt. Nostalgisch verpackt, gibt es hier feine Seifen, Kosmetik, Duftkerzen und vieles mehr. *Via Madoninna 11 | eu.smnovella.com | Metro 2 Lanza | Brera | h1*

35 COSMETICAMENTE

Hier bekommst du Biokosmetik für Haut und Haare sowie professionelle, freundliche Beratung für jedes kosmetische Problem. *Mo 14.30–19.30, Di–Sa 10–13 und 15.30–19.30 Uhr | Via Giuseppe Meda 34 | cosmeticamente.it | Tram 3 | Navigli | 🕮 J8*

MÄRKTE

36 MERCATO DI VIA FAUCHÉ

Dieser Wochenmarkt gehört zu den beliebtesten und coolsten der Stadt. Vor allem Kleidung, Markenschuhe und schöne Stoffe bekommst du hier in guter Qualität für kleines Geld. *Di 7.30–14, Sa 7.30–18 Uhr | Metro 5 Gerusalemme | Bullona | 🕮 G1*

37 MERCATONE DEL NAVIGLIO GRANDE ★

Der beliebte, stimmungsvolle Antik- und Trödelmarkt schlägt jeden letzten Sonntag im Monat seine Stände an den Ufern des Naviglio Grande auf. *Alzaia Naviglio Grande 4/Ripa di Porta Ticinese | Metro 2 Porta Genova | Navigli | 🕮 G–H7*

38 MERCATO DI PORTA ROMANA

Ein beliebter Foodspot zum Kaufen und Kosten: In einer großen Halle ausgesucht Gutes von den Feldern, aus Ställen, Molkereien und kleinen Produzenten aus der Lombardei. Freitags und samstags oft Verkostungen und Showcooking. *Mi und Sa 9–15, Fr 16–21 Uhr | Via Friuli 10a | mercatoportaromana.it | Metro 3 Lodi T.I.B.B., Bus 90, 91 | Porta Romana | 🕮 M7*

39 MERCATO DI VIALE PAPINIANO

Der größte Wochenmarkt in der Innenstadt mit Lebensmitteln, Kleidung, Schuhen, Haushaltswaren – gut für Schnäppchenjäger. *Di 7.30–14, Sa 7.30–18 Uhr | Viale Papiniano | Metro 2 Sant'Agostino, Tram 2, 14 | Porta Genova | 🕮 G–H6*

40 MERCATO DEL SUFFRAGIO

Aus dem alten Stadtteilmarkt ist ein Food-Hotspot geworden, ein *mercato con cucina:* Die köstlichen Backwaren, Käsesorten und den frischen Fisch kann man direkt hier verspeisen. *Mo geschl. | Corso XXII Marzo | Facebook | Tram 12 | Porta Vittoria | 🕮 N5*

SCHMUCK

41 PILGIÒ

Antonio Pilusos unkonventionelle Kreationen aus Gold, Terrakotta, Holz, Eisen – archaisch und modern zugleich. *Via Caminadella 6 | pilgio.com | Metro 2 Sant'Ambrogio | Centro Storico | 🕮 g4*

MAILANDS CHINATOWN

Über 27 000 Chinesen leben in Mailand. Die Mailänder Chinatown konzentriert sich um die *Via Paolo Sarpi*, eine beliebte Bummelmeile. Du findest hier zig Läden mit Klamotten, Billigware, Hightech aus China, chinesische Imbissstuben – berühmt ist die *Ravioleria* in Hausnummer 27 – und Restaurants. Ein Highlight ist der schön gestaltete *Mood Market (Via Paolo Sarpi 41 | Metro 5 Monumentale, Tram 12, 14 | 🕮 H2).*

Schlaraffenland für Schräge-Sachen-Sucher: der Mercatone del Naviglio Grande

42 DONATELLA PELLINI

Glamouröse Kreationen aus Kunstharz und Halbedelsteinen, eigene Ökolinie. Filiale in der *Via Morigi 9 (g3). Corso Magenta 11 | pellini.it | Metro 1, 2 Cadorna | Centro Storico | g3*

SCHUHE

43 ANTONIA

Antonia Giacinti beweist ihr Gespür in ihrem schönen Laden in Brera nicht nur bei der Auswahl der Klamotten, sondern auch der tollen Schuhe und Sneakers. *Via Cusani 5 | antonia.it | Metro 2 Lanza, Bus 61 | Brera | h2*

44 VELASCA

Mal keine Sneakers, sondern schöne Mokassins und klassisches, elegantes Schuhwerk aus feinem Leder (Filiale für Männerschuhe: *Piazza Sempione 2*). *Piazza Giovine Italia 2 | it.velascawomen.com, it.velasca.com | Metro 1 Conciliazione | Parco Sempione | G4*

TASCHEN & KOFFER

45 NAVA DESIGN – MH WAY

Die Mailänder Marke für junge Citymenschen sowie Makio Hasuikes Aktentaschen aus Plastik, Rucksäcke, Taschen für Notebooks – cool und doch mit Humor. *Via Durini 2 | Metro 1 San Babila | Centro Storico | l3*

46 SERAPIAN

Wer die Mailänder und ihren Stil verstehen möchte, schaue sich diese Taschen an: ein wenig streng, ohne Firlefanz, dabei aber ziemlich extravagant, sehr selbstbewusst – und natürlich aus erstklassigem Material. *Via della Spiga 42 | serapian.com | Metro 3 Montenapoleone | Centro Storico | k1*

47 VALEXTRA

Der edelste italienische Kofferhersteller – schöne Dinge zu entsprechenden Preisen. *Via Alessandro Manzoni 3 | valextra.it | Metro 3 Montenapoleone | Centro Storico | j2*

AUSGEHEN & FEIERN

Wer glaubt, dass diese Stadt irgendwann mal zur Ruhe kommt der irrt. Tagsüber wird geackert und Geld verdient, abends entspannt man sich in einer Bar oder tobt sich in einem Club aus Mit der weltberühmten Scala sowie einem Konzert- und Theaterprogramm, das in Italien ohne Konkurrenz ist, festigt Mailand jeden Tag seinen Ruf als Kulturhauptstadt des Landes.

Die Aperitifstunde – etwa zwischen 18.30 und 21 Uhr – als Zäsur zwischen Arbeitstag und Feierabend ist eine Mailänder Erfindung. Viele Bars und Bistros bauen dazu opulente Fingerfoodbuffets auf oder

Großer Genuss und gute Grundlage für den weiteren Abend: überbordende Aperitifbuffets

man bestellt zum Drink Käse, Sushi oder Sardellen. Selbst mancher Club eröffnet den Abend mit dem Häppchenbuffet.
Die Grenzen zwischen Aperitif und Cocktail sind fließend; Letzterer ist die Domäne der vielen guten Bartender, die mit ihrer Mixkunst aus italienischer Bittertradition und exotischen Aromen die abendlichen Bartheken bespielen. Die Mailänder trinken auch gern Bier, manche sogar aus lokaler Produktion. Auch für Livemusik gibt es gute Adressen und im Sommer beleben sich die Parks mit Musik und Events.

WO MAILAND AUSGEHT

AM ARCO DELLA PACE

Am Corso Sempione trifft man sich zum Aperitif

MARCO POLO HIGHLIGHTS

★ **NOTTINGHAM FOREST COCKTAIL BAR**
Glück pur, wenn du in dieser kultigen Minibar einen Platz ergatterst ➤ S. 84

★ **CERESIO 7**
Im Sommer Mailands coolste Cocktaillocation ➤ S. 82

★ **TEATRO ALLA SCALA**
Einmal in Mailands Oper: ein Erlebnis fürs Leben ➤ S. 86

★ **RITA & COCKTAILS**
Gute Cocktails und gute Stimmung bei den Navigli ➤ S. 84

★ **PICCOLO TEATRO**
Die führende italienische Sprechbühne ➤ S. 87

★ **BLUE NOTE**
Jeden Abend Jazz live, eine Institution ➤ S. 86

UM PORTA TICINESE

Kneipen um das alte Stadttor und Open-Air-Dates an römischen Säulen

UM PORTA GENOVA

Ausgehmeile Navigli und Seitengassen

ISOLA
Alternativenspot Frida, Bikertreff Deus Café und Blue Note, Mailands bester Jazzclub
GRECO
UM DIE CITTÀ DEGLI STUDI
Lockere Kneipen mit Musik und Bierpubs um den Campus
V. Zara
Viale Marche
Zara
Blue Note
Isola
Viale Lunigiana
Melchiorre Gioia
Viale Brianza
Pasteur
Viale Monza
CASORETTO
V. Nicola Antonio Porpora
BRERA & CORSO COMO
Aperitif, Essen, Discoclub – das ganze Programm
LORETO
Lima
Viale Abruzzi
Piola
Viale Romagna
PORTA NUOVA
Corso Buenos Aires
Giardini Pubblici Indro Montanelli
Porta Venezia
Viale dei Mille
Viale Luigi Majno
Nottingham Forest Cocktail Bar
Teatro alla Scala
UM PORTA VENEZIA
Aperitif- und Cocktailbars und Party auf dem Bürgersteig
Viale Campania
Viale Piceno
Viale Corsica
PORTA VITTORIA
Viale Emilio Caldara
Viale Molise
UM PORTA ROMANA
Aperitifbars, nette Trattorien und ein alter Bauernhof
Viale Umbria
Porta Romana
Corso Lodi
Via Giuseppe Ripamonti
Parco Alessandrina Ravizza
Viale Toscana
PORTA ROMANA
Viale Isonzo
Lodi T.I.B.B.
Viale Puglie

BARS & WEINLOKALE

1 BICERÌN

Im lebendigen Viertel nordöstlich der Giardini Pubblici öffnet gegen 17 Uhr das „Gläschen“: In das gemütliche Loungelokal kommt man zum guten Glas Wein oder zum Biowermut Oscar.697 mit frischer Minze oder Holunder. Man kann hier auch gut essen. *So geschl. | Via Panfilo Castaldi 24 | bicerinmilano.com | Metro 1, 3 Porta Venezia, Piazza Repubblica | Porta Venezia | ⧉ L3*

2 BIRRIFICIO LAMBRATE

Craftbier in Italien, das begann 1996 mit dieser kleinen Brauerei in Lambrate. Deren Bier bekommst du natürlich auch in der Innenstadt, aber die kurze U-Bahn-Fahrt lohnt sich: Im gut gelaunten Pub des *birrificio* fließen aus den Zapfhähnen all die hauseigenen Pils, Starkbiere, Lager, Ales. Das *birrificio* betreibt auch ein Restaurant *(So geschl. | Via Camillo Golgi 60 | Metro 2 Lambrate | ⧉ P3). Mo geschl. | Via Adelchi 5 | birrificio lambrate.com | Metro 2 Lambrate | Lambrate | ⧉ P1*

INSIDER-TIPP
Mailand im Bierrausch

WOHIN ZUERST?

Da die Mailänder nach dem Aperitif gern essen gehen, trifft man sich am liebsten dort, wo beides eng beieinanderliegt, z. B. am **Corso Sempione** *(⧉ G–H3)* mit Treffpunkt am Arco della Pace. Lockerer geht es an den studentischen Treffpunkten um die **Porta Ticinese** *(⧉ J7)* bzw. beim **Parco delle Basiliche** *(⧉ h5)* zu. Die tolle Mischung an den **Navigli** *(⧉ G–H 7)* bietet für wirklich alle etwas. Hier brummt das Leben vor allem im Sommer an den Kanälen und in den Bars.

3 BLENDERINO

Ein Highlight in dieser ziemlich touristischen Ecke beim Corso Como ist diese winzige, sehr schöne Bar mit erstklassigen Aperitifs und Cocktails bis spät in die Nacht. *Tgl. | Piazza XXV Aprile 14 | Metro 2 Moscova | Porta Garibaldi | ⧉ K2*

INSIDER-TIPP
Kleine Bar mit grandiosen Drinks

4 CANTINE ISOLA

Eine kleine Weinhandlung mit Ausschank mitten im Chinesenviertel: Hier wird den jungen Mailändern das Weintrinken beigebracht, eine Institution. *Tgl. | Via Paolo Sarpi 30 | Facebook | Metro 5 Monumentale, Bus 94, Tram 2, 12 | Sarpi-Chinatown | ⧉ H2*

5 CERESIO 7 ★

Hier auf dem Dach des ehemaligen Stromversorgers fühlt man sich endgültig im glamourösen, supercoolen Mailand angekommen: beim Drink zu erlesenen Tatar- und Sushihäppchen an zwei Pools unterm Sternenhimmel, mit Blick auf den angestrahlten Monumentalfriedhof und die leuchtenden Hochhaustürme an der Porta Nuova. Zur Loungebar gehört auch ein schickes Restaurant. *Tgl. | Viale Ceresio 7 | ceresio7.com | Metro 5 Monumentale, Tram 2, 4 | Monumentale | ⧉ J2*

Vom Frühstück bis zum Absacker lockt die Loungebar Living am Sempione-Park die Durstigen

6 H-CLUB DIANA

Retroschick und funky ist das angesagte Aperitiflokal in diesem prächtigen alten Libertyhotel. Im Sommer öffnen sich die großen Fenster und die Schicken und Schönen ziehen mit dem Cocktail in den lauschigen Garten. *Tgl. | Viale Piave 42 | hclub-diana.it | Metro 1 Porta Venezia, Tram 9 | Porta Venezia | M3*

7 LIVING

Lage, Lage, Lage: Diese ganztägig geöffnete, schön klassisch gestylte Lounge- und Ristobar – im Sommer sitzt man auch draußen – liegt mit tollem Blick auf den Arco della Pace am Nordausgang des Sempione-Parks, sozusagen das Tor zum Ausgehviertel am und um den Corso Sempione. Für den Aperitif mit ordentlichem Buffet sollte man unbedingt reservieren *(Tel. 02 33 10 08 24)! Tgl. | Piazza Sempione 2 | livingmilano.com | Busse 1, 57, 61 | Parco Sempione | H3*

8 MOM CAFÈ

Ein Tipp von Einheimischen: Seit Jahren brummt diese große Bar zur Aperitifstunde und auch danach. Junger Spirit, für alle offen, ein reichhaltiges Foodbuffet und auf dem Bürgersteig Trauben von gut gelaunten Leuten. *So geschl. | Viale Monte Nero 51 | Metro 3 Porta Romana, Tram 9 | Porta Romana | M6*

9 MORNA

Im coolen Designerviertel Tortona überrascht diese heiß geliebte Nachbarschaftskneipe. Beim Bier an der Theke kommt man schnell ins Gespräch oder man schaut den Nachbarn beim Bocciaspielen zu. *So geschl. | Via Tortona 21 | Metro 2 Porta Genova | Zona Tortona | G7*

10 NOTTINGHAM FOREST COCKTAIL BAR ★

Wer Hitlisten mag: Diese winzige, schummrige Kultbar zwischen Porta Venezia und Porta Vittoria soll zu den 50 besten Cocktailbars der Welt gehören. Jeder der superben Drinks wird als kleines Tischtheater inszeniert: Mal kommt er in einem Sneaker daher, mal drückt man ihn aus einer Zahnpastatube oder schlürft ihn aus einer Minibadewanne. *Mo geschl. | Viale Piave 1 | nottingham-forest.com | Metro 1 Palestro, Tram 9 | Porta Venezia | M4*

11 RITA & COCKTAILS ★

In dieser angesagten Cocktailbar in einer Seitenstraße des Naviglio Grande werden mit ausgesuchten Zutaten außergewöhnliche Drinks gemixt, dazu gute Musik und viel Stammkundschaft. *So geschl. | Via Angelo Fumagalli 1 | Metro 2 Porta Genova | Navigli | H7*

DISKOTHEKEN & CLUBS

Tanzclubs haben meist ab 20 Uhr, Diskotheken ab 22 oder 23 Uhr geöffnet, Eintritt in Discos ab 15 Euro (ein Getränk inklusive). In vielen Diskotheken beginnt der Abend mit Aperitif und Dinner.

12 APOLLO CLUB

Models lieben diesen Club im Navigli-Viertel. Schön ist er und gemütlich mit

In den gut gefüllten Regalen des Rita & Cocktails ist ausreichend Nachschub für Durstige

seinem charmanten Retroflair zu eindrucksvoller Whisky- und Ginauswahl. Man kann in der Bar Cocktails schlürfen, im kleinen, romantischen Restaurant gut essen und dann zu Dancefloor und Discosound feiern. Ohne Reservierung *(Tel. 02 38 26 01 76)* wird man kaum eingelassen. *Nur Do (sonst oft Privatevents) | Via Giosuè Borsi 9/2 | apollomilano.com | Tram 9 | Navigli | H8*

13 LA BALERA DELL'ORTICA

INSIDER-TIPP
Ehemaliger Feierabendverein mit Tanz

Mailand hat viele Gesichter, ist nicht nur schick, sondern auch volkstümlich wie dieses sympathische, so gar nicht stylishe Ausflugslokal, das bei jungen Leuten total gut ankommt. Zum handfesten Essen, im Sommer draußen, spielen am Wochenende kleine Tanzcombos zu Swing, Rumba, Mazurka auf. *Mo geschl. | Via Giovanni Antonio Amadeo 78 | labaleradellortica.com | Bus 54 | Città Studi | Q4*

14 BOBINO CLUB

Am Naviglio Grande: Man kommt zur Happy Hour, zum Essen und bleibt zum Tanzen, zu Hip-Hop, Electro und Revivalabenden. Die Stimmung wird noch besser auf den Sommerpartys im Garten. *So–Mi geschl. | Alzaia Naviglio Grande 116 | Metro 2 Porta Genova, Bus 74, 325, Tram 2 | Navigli | F7*

15 SPIRIT DE MILAN

Derzeit sehr angesagt: mit „fremden Freunden" zusammen zu tafeln und zu tanzen – an langen Tischen in einer ehemaligen Glasfabrik im einstigen Industrieviertel Bovisa, bis sich der Vorhang des Ballsaals öffnet und eine Swingcombo die Leute von den Stühlen lockt. *Mo geschl. | Via Bovisasca 57/59 | spiritdemilan.it | Metro 3 Comasina, dann Bus 92 | Bovisa | b4*

KINO

Im Zentrum findest du alle Uraufführungskinos, außerhalb liegen die riesigen Kinocenter. Karten kosten zwischen 7 und 15 Euro. Ein Treffpunkt der Mailänder Cineasten mit Filmen in Originalfassung, einer eigenen Osteria (Megaschirm für TV-Übertragungen) und Buchhandlung ist der *Palazzo del Cinema Anteo (Piazza XXV Aprile 8 | spaziocinema.info | Metro 2 Moscova | Porta Garibaldi | K2)* an der Porta Garibaldi.

KONZERTE & OPER

In klassischen Konzerthäusern, in Bars, Clubs und open air gibt es vielfältige Unterhaltung für die Ohren. Gratiskonzerte gibt es das ganze Jahr hindurch, besonders aber beim *Estate al Castello* („Sommer in der Burg"). Alle Veranstaltungen Tag für Tag findest du auf der Website *live.yesmilano.it*. Die Kammerkonzerte des Quartetto di Milano *(quartettomilano.it)* finden an wechselnden Orten statt.

Das derzeit wohl angesehenste Sinfonieorchester, das *Orchestra Verdi (laverdi.org)*, spielt meist im *Auditorium di Milano (Largo Gustav Mahler | Tram 3, 9, Bus 59, 71 | J8)*. Im modernen

Teatro degli Arcimboldi (Viale dell'Innovazione 20 | teatroarcimboldi.it | S 9 Greco Pirelli | 🕮 0) im ehemaligen Industriegebiet Bicocca treten italienische und internationale Popstars auf.

16 TEATRO ALLA SCALA ★ ⚑

Ein Highlight ist der Abend in diesem weltberühmten Operntempel. Karten (zwischen 20 und 250 Euro) bestellt man (rechtzeitig!) übers Internet *(teatroallascala.org)* oder kauft sie direkt an der Theaterkasse *(Mo–Sa 12–18 Uhr | Largo Ghiringhelli 1)*. Die Abendkasse öffnet zweieinhalb Stunden vor Vorstellungsbeginn. *Centro Storico | 🕮 j2*

LIVEMUSIK & JAZZ

Der Eintritt beträgt je nach Veranstaltung (Beginn meist 21.30 oder 22 Uhr) ab 10 Euro.

17 ALCATRAZ

Mehrere Tausend Leute passen hier rein. Die kommen wegen der Livekonzerte und wollen nicht enttäuscht werden: Mehrmals im Monat trägt die potente Soundanlage nationale und internationale Undergroundgruppen. Freitags und samstags Mottopartys. *Via Valtellina 21 | alcatrazmilano.com | Metro 3 Maciachini, Tram 3 | Isola | 🕮 b4*

18 BLUE NOTE ★

In diesem Jazzclub – er gilt als einer der besten Italiens – mit Restaurant im Viertel Isola treten nationale und internationale Jazzgrößen auf. Beliebt ist auch der Sonntagsbrunch zu Livemusik – reservieren *(Tel. 02 69 01 68 88)! Mo geschl. | Via Pietro Borsieri 37 | bluenotemilano.com | Metro 5 Isola | Isola | 🕮 K1*

19 APRÈS-COUP

Die Szene liebt diesen neuen Treff nahe der Porta Romana: ein Bistro mit dem Charme eines Literatencafés um 1900. An mehreren Abenden der Woche gibt es Kabarett, Stand-up-Comedy oder Livejazz. Zurücklehnen, einen der guten Cocktails genießen und der Abend läuft. *So/Mo geschl. | Via Privata della Braida 5 | apres-coup.it | Metro 3 Porta Romana | Porta Romana | 🕮 L6–7*

20 NIDABA THEATRE

Kaum zu glauben, mit welcher Energie und guter Laune die Betreiber seit

Roter Damast aus dem 19., Hightech aus dem 21. Jh.: das Opernhaus Teatro alla Scala

DER-TIPP
eine Kneipe, große Livemusik

Jahren Musiker (Soul, Blues, Jazz, Folk, Funk) bei freiem Eintritt in ihrem gemütlichen Club auftreten lassen. Super Stimmung und gutes Bier. *So–Mi geschl.* | *Via Emilio Gola 12* | *nidaba.it* | *Metro 2 Porta Genova, Tram 3* | *Navigli* | *H7*

21 SANTERIA SOCIAL CLUB

Und noch eine Facette Mailands: locker, easy, alternativ. In dem großen Lokal im Süden trifft man sich zum Quatschen, Essen, Musikhören, am Wochenende bis 3 Uhr nachts. Regelmäßig spielen Jazzensembles, auch Kabarettisten und Literaten treten auf, Swing und Latin sorgen für gute Stimmung. Und am nächsten Morgen erholt man sich beim Brunch. *Mo geschl.* | *Viale Toscana 31* | *santeria.milano.it* | *Tram 24, Nachtbus N26* | *Milano Sud* | *K8*

THEATER

Mailand hat eine lebendige Theaterszene, etwa das *Teatro dell'Elfo Puccini (elfo.org)* oder das *Teatro Franco Parenti (teatrofrancoparenti.it).*

22 PICCOLO TEATRO ★

Das führende Sprechtheater Italiens, von Paolo Grassi und Giorgio Strehler 1947 gegründet. Heute finden hier auch Jazzkonzerte statt. Gespielt wird an drei Stätten: *Via Rovello 2* | *Metro 1 Cairoli* | *h2; Via Rivoli 6* | *Metro 2 Lanza* | *h1; Largo Antonio Greppi 1* | *Metro 2 Lanza* | *g–h1; Karten 15–40 Euro* | *Tel. 02 21 12 61 16* | *piccoloteatro.org*

AKTIV & ENTSPANNT

Laufstrecke, Feierareal, Picknickplatz oder einfach Treffpunkt: der Parco Sempione

SPORT, SPASS & WELLNESS

LAUFEN & WALKEN

Gewalkt und gelaufen wird in den Stadtparks wie Parco Sempione und Giardini Pubblici Indro Montanelli; beliebte Strecken sind auch die zum Teil verkehrsberuhigten Kanalufer. Die längste und vielleicht schönste Strecke verläuft nordwärts am Naviglio della Martesana entlang. Er beginnt jenseits des Hauptbahnhofs an der Ecke Via Melchiorre Gioia/Via Tirano *(Bus 43 | 0)*.

RAD FAHREN

Eine Radtour ins Grüne ermöglicht die *Pista Ciclabile della Martesana (hin und zurück 60 km | bicimilano.it)*, die im Nordosten von der Via Melchiorre Gioia am Naviglio Martesana entlang hinausführt Richtung Vimodrone und weiter bis nach Cassano d'Adda. Im Südwesten geht es am Hafenbecken Darsena los und am Naviglio Grande entlang, etwa bis Abbiategrasso (20 km), oder längs des Naviglio Pavese sogar bis Pavia *(hin und zurück ca. 70 km)*. Nach 23 km führt ein kurzer Abstecher zur berühmten Certosa di Pavia. Für diese Ausflüge eignen sich die schweren Mieträder nicht so gut, miete dir lieber eines der leichtläufigeren Citybikes aus dem Fuhrpark der Fahrradwerkstatt AWS *(15–20 Euro/Tag | Via Ponte Seveso 33 | awsbici.com | Metro 3 Sondrio | M1)*.

INSIDER-TIPP
Leichte Bike für längere Ausflüge

FUSSBALL

Wenn die beiden Mailänder Clubs zum Derby della Madonnina (du weißt schon, die goldene Schutzmadonna auf dem Dom) antreten, dann bebt das grandiose alte *Stadio San Siro* (s. S. 51). Im *calcio* ist die Stadt zweigeteilt: in rot-schwarz gestreifte *milanisti*, die Fans von AC Milan, und blau-schwarz gestreifte *interisti*, die

Es wird ordentlich gejoggt in Mailand: Man – und frau – will schließlich *bella figura* machen

Anhänger von Inter. Auf *italienfussball.de* findest du die Spielpläne und kannst Tickets buchen. Aber auch am Spieltag direkt an den Stadionkassen hast du gute Chancen, denn ausverkauft kommt – außer beim Derby – kaum noch vor.

BADESPASS

Ein historisches Stadtbad, in dem die Mailänder seit 1934 schwimmen lernen, ist die *Piscina Cozzi (Viale Tunisia 35 | short.travel/mai8 | Metro 3 Repubblica | L2)*. Etwas Besonderes sind die *Bagni Misteriosi (Via Carlo Botta 18/Via Sabina | bagnimisteriosi.com | Metro 3 Porta Romana, Tram 9 | M7)* bei der Porta Romana: Im Winter Schlittschuhbahn, sind sie im Sommer das coolste Freibad Mailands: Außer zum Schwimmen und Sonnenbaden trifft man sich zu Events, Musik und natürlich zum Aperitif. Der *Idroscalo (März–Okt. | Via Rivoltana 64 | M 4 bis Linate, weiter mit Bus 923 oder 973 | 0)* im Europark Milano beim Flughafen Linate macht mit seinen Wasserrutschen vor allem Kindern zum Kreischen viel Spaß.

DER-TIPP
„Aperitif in Geheimnisvollen Bädern“

WELLNESS

In der Modemetropole, in der sich so viel um Beauty dreht, ist die Dichte an Schönheitstempeln natürlich hoch. Etliche Nobelhotels haben ein Day-Spa, wo sich nicht nur Hotelgäste verwöhnen lassen können. Ein umfangreiches Programm bieten die *QC Terme di Milano (Piazzale Medaglie d'Oro 2 | termemilano.com | Metro 3 Porta Romana | L7)*: von Beautybehandlungen und Massagen über Thermalbecken, eine Sauna in einer Oldtimertram und einen Garten vor der Kulisse der alten Stadtmauer bis zum Aperitifbuffet.

FESTE & EVENTS

6. JANUAR

Umzug vom Dom nach Sant'Eustorgio, wo Reliquien der Heiligen Drei Könige aufbewahrt werden.

JANUAR, FEBRUAR, JUNI, SEPTEMBER

Die Modewochen **Milano Moda Uomo** und **Milano Moda Donna** finden ihren Höhepunkt mit den Defilees für die kommende Herren- bzw. Damenmode. *cameramoda.it*

MÄRZ

Blumenfest **Tredesin de Marz** am 13. März mit Blumenmarkt um Piazzale Lodi und Porta Romana in Erinnerung an die Ankunft des Christentums in Mailand.
Halbmarathon Stramilano mit 60 000 und mehr Teilnehmern. *stramilano.it*
Giornate del FAI: Kirchen und Stadtpaläste, die sonst für die Öffentlichkeit nicht zugänglich sind, haben geöffnet. *fondoambiente.it*

APRIL

Die Kunstmesse **Miart** zeigt Modernes und Zeitgenössisches, dazu viele Events in der ganzen Stadt. *miart.it*
Fiori & Sapori: bunter Blumen- und Kulinarienmarkt an den Kanalufern; eine Wiederholung gibt es Anfang Oktober. *navigliogrande.mi.it*
Designer aus aller Welt kommen zur Möbelmesse **Salone Internazionale del Mobile.** Der gleichzeitige **Fuorisalone,** bei dem sich Events und Schauen von Designern über die ganze Stadt verteilen, zieht fast noch mehr Besucher an.

INSIDER-TIPP
Die schönste Woche in Mailand

Start des Radklassikers **Mailand–San Remo.**

ENDE APRIL–ANFANG JUNI

Im Rahmen des **Photo Festivals** verschiedene hochkarätige Fotoausstellungen. *milanophotofestival.it*

Zu den diversen Modewochen wird es voll auf den Catwalks der Stadt

MAI

Arte sul Naviglio: Künstler stellen ihre Werke am Ufer des Naviglio Grande und in den Galerien aus. *naviglio grande.mi.it*

Beim Klavierfestival **Piano City Milano** bringen Konzerte in Parks, Innenhöfen, Kreuzgängen, Palazzi und auf Industriegeländen und Bahnhöfen die Stadt zum Klingen. *pianocitymilano.it*

Jede Menge Klassik an spektakulären Orten gibts beim **Festival Milano Musica.** *milanomusica.org*

ENDE JUNI

In Abbiategrasso vor den Toren Mailands wird am Naviglio Grande die **Festa dei Balon** mit großem Feuer und reichlich Risotto und Wein begangen.

JULI/AUGUST

Während der Ferien organisiert die Stadt **Freiluftveranstaltungen** in Innenhöfen, auf Plätzen und in Parks.

SEPTEMBER

MITO: ein Festival ungewöhnlicher Konzerte an ausgefallenen Orten. *mi tosettembremusica.it*

Le Vie del Cinema: Einige Kinos zeigen alle Filme der Festspiele von Venedig, Locarno und Cannes. *leviedelci nema.lombardiaspettacolo.com*

Die Formel 1 fällt zum **Großen Preis von Italien** in Monza ein. *monza.net*

Die Modemesse **Milano Moda Donna** hält die ganze Stadt in Atem.

ENDE OKTOBER–ENDE NOVEMBER

Das Festival **Jazzmi** versteht sich als Begegnungsort für unterschiedlichste Stile und Protagonisten. *jazzmi.it*

7. DEZEMBER

Am Ambrosiustag eröffnet die Scala mit einer **Galapremiere** die Spielzeit, das Volk drängt sich um die Buden, die für das Fest **Oh Bej oh Bej** rund um Sant'Ambrogio aufgebaut sind.

SCHÖNER SCHLAFEN

PRACHT IM GEIST VERDIS

Nach den triumphalen Uraufführungen seiner Opern in der Scala begleitete das begeisterte Publikum Giuseppe Verdi (1813–1901) zurück ins *Grand Hotel et de Milan (95 Zi. | Via Alessandro Manzoni 29 | Tel. 02 72 31 41 | grandhoteletdemilan.it | Metro 3 Montenapoleone | Centro Storico | €€€ | ◫ k1)*. Hier stieg Italiens berühmtester Opernkomponist nach getaner Arbeit ab. Einmal über die Schwelle, betritt man ein anderes Jahrhundert: Du fragst dich, wer in den schönen Art-déco- und Jugendstilmöbeln schon alles gesessen und geschlafen haben mag.

AUF SCHRÄGEN SESSELN

Lustvoller Farben- und Formenflow: Stardesigner Matteo Thun hat aus einem ehemaligen Industriekomplex eine zeitgenössische Großstadtherberge kreiert. Du betrittst das *Nhow Hotel (249 Zi. | Via Tortona 35 | Tel. 02 48 98 86 1 | nh-hotels.it | Metro 2 Porta Genova | €€ | Zona Tortona | ◫ F7)* und fühlst dich wie in einem Showroom für Designermöbel.

FEIERN IN EINER EX-POLIZEIWACHE

Das hätten sich die *poliziotti* nicht träumen lassen, dass es in ihren grauen Gemäuern einmal so locker und bunt zugehen würde. Denn das *Madama Hostel (60 Betten | Via Benaco 1 | Tel. 02 36 72 73 70 | madamahostel.com | Metro 3 Lodi T.I.B.B. | € | Lodi | ◫ N8)* in einer coolen, aufstrebenden Gegend im Südosten punktet mit seinen Musikevents auch bei den Locals.

WUNDERKAMMER

Draußen die quirlige Welt um Porta Ticinese und an den Navigli, während dich drinnen im *Aethos Milan (32 Suiten | Piazza XXIV Maggio 8 | Tel. 02 89 41 59 01 | aethos.com | Metro 2*

Mal eine Nacht mit Giuseppe Verdi verbringen? Dann buch im Grand Hotel et de Milan!

Porta Genova, Tram 3, 9 | €€–€€€ | Porta Ticinese | 🕮 J7) die Ausstattung mit originalen Vintagestücken zu den Themen Sport und ferne Welten (wunderbare Koffer aus den 1930ern!) auf eine Reise voller Verheißung schickt.

EIN ROTER FADEN

Der zieht sich als Farbmarke durch die ungemein stilsicher gestalteten Räume des *B & B RossoSegnale (3 Zi. | Via Antonio Sacchini 18 | Tel. 02 29 52 74 53 | rossosegnale.it | Metro 2 Loreto, Bus 81, 90 | €–€€ | NoLo (Nord-Piazzale Loreto) | 🕮 O1),* führt auf die Sonnenterrasse, in den kleinen Garten, in die Ausstellungen junger Künstler im Erdgeschoss: Inspiration pur. So möchte man in Mailand leben, wenigstens für ein paar Tage.

PARTY MIT KREATIVEN

Base, so heißt das riesige postindustrielle Areal mit Studios, Events, Ausstellungen, Workshops, Bistrocafé und coolen Partys zu den Mode-, Foto- und Designwochen. Und wohnen kann man hier auch, im ersten Stock im *Casa BASE (10 Zi. | Via Bergognone 34 | Tel. 39 29 97 70 49 | base.milano.it | Metro 2 Porta Genova | € | Zona Tortona | 🕮 G7)* – dann muss man nach der Party nur die Treppe rauf.

GESUND SCHLAFEN

Hier schläfst du gesund und mit gutem Gewissen. Mit dem kleinen *Bio City Hotel (17 Zi. | Via Edolo 18 | Tel. 02 66 70 35 95 | biocityhotel.it | Metro 3 Sondrio, Bus 43 | €–€€ | Stazione Centrale | 🕮 0)* in einem Wohnviertel hinterm Hauptbahnhof hat sich ein ehemaliger Finanzberater seinen Lebenstraum verwirklicht. Das spürt man in jedem umweltfreundlichen Detail, in den Materialien wie in den Biozutaten zum Frühstück und im Bistro. Auch Allergiker können hier aufatmen.

ERLEBNIS TOUREN

Lust, die einzigartigen Facetten der Stadt zu entdecken? Dann sind die Erlebnistouren genau das Richtige für dich! Ganz einfach wird es mit der MARCO POLO Touren-App: Die Tour über den QR-Code aufs Smartphone laden – und auch offline die perfekte Orientierung haben.

Die Ausgehmeile Corso Como führt auf Italiens höchstes Gebäude zu, die Torre Unicredit

Einfach QR-Code scannen und alle Karten & Infos zu unseren Touren auch unterwegs parat haben!

go.marcopolo.de/mai

DIE ERLEBNISTOUREN IM ÜBERBLICK

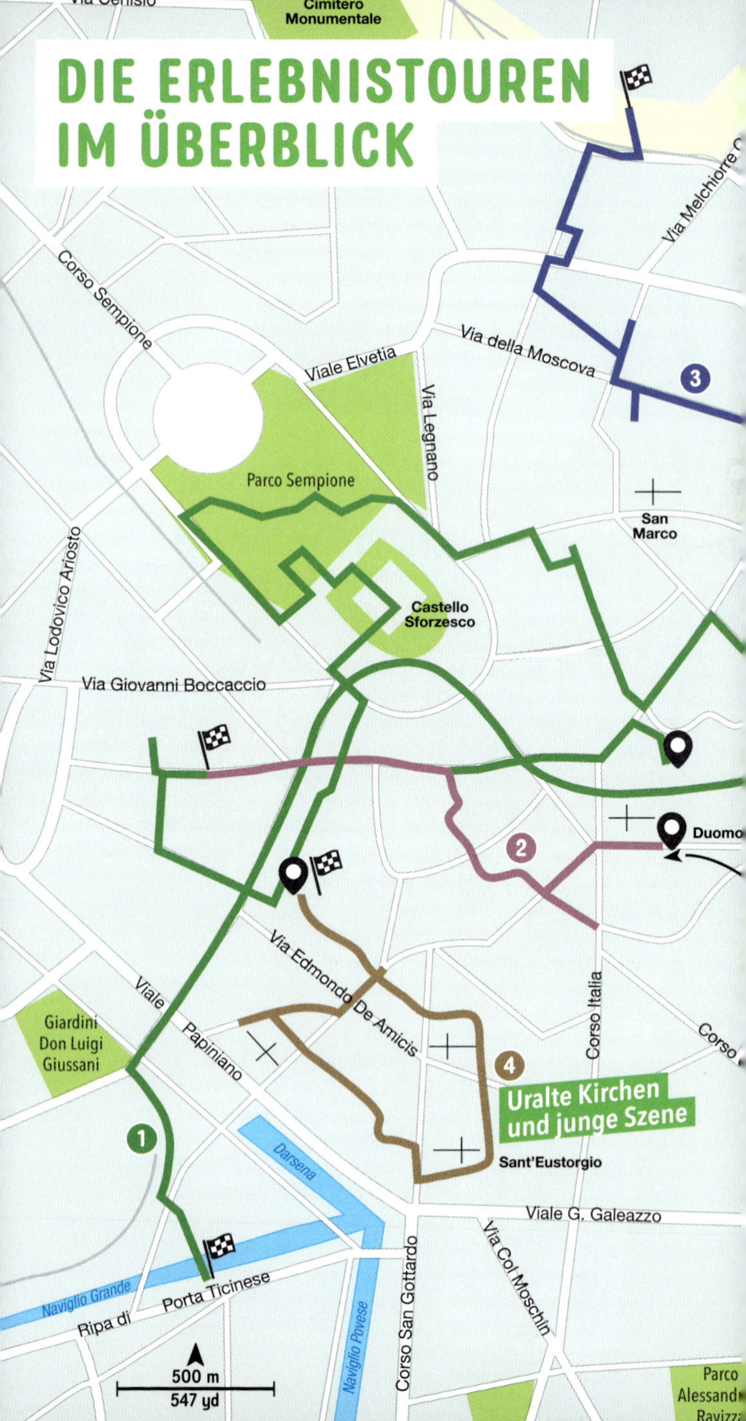

Stazione Centrale
P.le Loreto
Viale Andrea Doria
Via Teodosio
Viale Lombardia
Via Vitruvio
Via Vittor Pisani
P.le G. Piola
Viale Tunisia
Via G. Ponzio
Corso Buenos Aires
Viale Abruzzi
Viale Romagna
Architektur des 20. und 21. Jahrhunderts
Montanelli
Corso Venezia
Viale Luigi Majo
Corso Indipendenza
Viale Argonne
Viale Campania
Via Lomellina
ailand perfekt im Überblick
Corso di Porta Vittoria
Corso Ventidue Marzo
Stadtgeschichte, kulinarische Köstlichkeiten und ein marmorner „Stinkefinger"
Parco Vittorio Formentano
P.ta Vittoria F.S.
Viale Emilio Caldara
Viale Molise
Viale Umbria
Corso Lodi
Viale Puglie
Parco Emilio Alessandrini

1 MAILAND PERFEKT IM ÜBERBLICK

- Durch die prachtvolle alte Mall Galleria Vittorio Emanuele schlendern
- Heilige Orte: Leonardos „Abendmahl“ und die altehrwürdige Basilika
- Vom Park mit Aussicht und Design zu den Fashionstores bummeln

Galleria Vittorio Emanuele II

Navigli

knapp 10 km

1 Tag, reine Gehzeit 2 ½–3 Stunden

Da die Besichtigung des „Abendmahls“ nur nach Anmeldung möglich ist, organisierst du deinen Tag am besten nach dem Termin. Hier liegt er am Vormittag. Montags sind die meisten Museen geschlossen.

1 Galleria Vittorio Emanuele II

2 Operntheater

3 Piazza Mercanti

4 „Abendmahl“

Zum entspannten Start genießt du unter dem Eingangsbogen der prachtvollen Einkaufspassage 1 Galleria Vittorio Emanuele II ➤ S. 33 bei Cappuccino und *cornetto* im legendären Camparino in Galleria ➤ S. 56 die Aussicht auf den phantastischen Domplatz. *Durch die elegante Galleria spazierst du nun auf die Piazza della Scala* mit dem weltberühmten 2 Operntheater ➤ S. 34, 86. Im Rathaus Palazzo Marino zur Rechten residiert der Bürgermeister, für die reiche Kunstsammlung Gallerie d'Italia gegenüber nimmst du dir besser an einem anderen Tag Zeit. *Vor der Oper links führt dich die Via Santa Margherita* zur stimmungsvollen mittelalterlichen 3 Piazza Mercanti ➤ S. 33. *Von der imposanten Piazza Cordusio geht es ein kleines Stück die Shoppingmeile Via Dante hinauf, dann links in die Via Meravigli, die in der Verlängerung zum Corso Magenta wird.*

EIN „ABENDMAHL“ AM VORMITTAG

Bis zum 4 „Abendmahl“ ➤ S. 42 im Refektorium neben der eindrucksvollen Kirche Santa Maria delle Grazie ist es etwa 1 km, vorbei an stattlichen Palazzi und an der Traditionskonditorei Pasticceria Marchesi ➤ S. 4 – falls du schon Lust hast auf ein zweites süßes Früh

stück. Schöne Abbildungen des Cenacolo auf Heften, Briefpapier etc. gibts in der herrlich altmodischen Papierhandlung Ruffini *50 m links vom Kircheneingang. Gegenüber der Kirche* befindet sich die **Casa degli Atellani** *(Wiedereröffnung für 2024 geplant | 10 Euro, geführte Tour 20 Euro | Corso Magenta 65 | vignadileonardo.com)* mit dem Weingarten ⚑ ❺ **Vigna di Leonardo**, den der Sforza-Herzog einst seinem Hofkünstler Leonardo da Vinci geschenkt hat. Hier soll Leonardo tatsächlich Rebstöcke gepflanzt haben. Vor einigen Jahren wurde der zauberhafte Garten neu angelegt, Besucher können auf den Spuren des Hobbywinzers Leonardo wandeln.

INSIDER-TIPP
Das Allroundgenie als Winzer

❺ Vigna di Leonardo

Nach der Besichtigung geht es gegenüber über die Via Bernardino Zenale und die Via San Vittore vorbei am Wissenschaftsmuseum zur uralten Basilika ❻ **Sant'Ambrogio** ➤ S. 44, die in den Mittagsstunden allerdings geschlossen ist. Die Uni liegt um die Ecke, entsprechend studentisch-lebendig ist die Umgebung voller Imbissbars für den Mittagssnack.

❻ Sant'Ambrogio

DESIGNCAFÉ UND AUSSICHTSTURM IM PARK

Durch die Via Terraggio, über den Corso Magenta hinweg und weiter über den ❼ **Piazzale Cadorna** mit Claes Oldenburgs riesiger Pop-Art-Skulptur, einer Nadel mit Faden, brauchst du eine Viertelstunde bis zur gewaltigen Burganlage ❽ **Castello Sforzesco** ➤ S. 38. Wer die Füße noch ein bisschen schonen will, nimmt stattdessen an der Ecke Viale Carducci/Piazza Sant'Ambrogio den 50er-Bus und steigt nach vier Haltestellen an der Piazza Cairoli vor der Burg aus. Im schönen ❾ **Parco Sempione** ➤ S. 39 hinter der Burg erwarten dich zwei Highlights: das **Triennale Design Museum** ➤ S. 40 mit stylishem Café sowie einem Dachrestaurant mit toller Aussicht. Den allerbesten Überblick hast du aber vom Aussichtsturm **Torre Branca** ➤ S. 41 neben dem Museum.

❼ Piazzale Cadorna

❽ Castello Sforzesco

❾ Parco Sempione

Verlässt du den Park auf der östlichen Seite des Kastells, bist du in Brera. Mit der bedeutenden Gemäldesamm-

⑩ Pinacoteca di Brera

⑪ Jamaica

⑫ Quadrilatero

lung ⑩ **Pinacoteca di Brera** ➤ S. 37 und der Kunstakademie einst das Künstlerviertel, ist es heute mit Wohnstraßen voller Flair, mit Cafés, Läden und Kunstgalerien eines der angenehmsten Innenstadtviertel. Die Boheme von einst traf sich in der Bar ⑪ **Jamaica** *(Via Brera 32)*, die von heute bevölkert Brera und seine Bars vor allem zu den Design- und Modewochen.

SCHICK, SCHICKER, QUADRILATERO

Der frühe Abend gilt dem berühmten Modeviertel ⑫ **Quadrilatero** ➤ S. 67. *Nach wenigen Schritten über die Via Brera und Via Verdi beginnt es in der Via Manzo* *ni* mit dem schicken Kaufhaus **Armani**➤ S. 73. Nach dem Streifzug über Via Monte Napoleone und Via della Spiga ist es Zeit für den Aperitif – Höhepunkt im Tagesablauf der Stadt. Zum hiesigen Glamour des Luxus und der Moden passt die ⓭ **Bar Martini** im Flagshipstore von Dolce & Gabbana am Corso Venezia 15. Danach bist du gut eingestimmt auf die malerische Ausgehmeile an den Ufern der ⓮ **Navigli** ➤ S. 45 genannten Kanäle. *Die Metrolinien 1 und 2 (San Babila bis Porta Genova, umsteigen in Cadorna) bringen dich in 25 Minuten hin.*

⓭ Bar Martini

⓮ Navigli

❷ STADTGESCHICHTE, KULINARISCHE KÖSTLICHKEITEN UND EIN MARMORNER „STINKEFINGER"

- ➤ Delikatessenviertel in den Seitenstraßen der Shoppingmeile Via Torino
- ➤ Mussolinis „Redeturm" und der Designdistrikt Cinque Vie
- ➤ Schlimme Kunst, viel Bohei um Geld und ein altes Waisenhaus

Start: Piazza del Duomo

Ziel: Santa Maria della Stella

Strecke: knapp 3 km

Dauer: ca. 3 Stunden, reine Gehzeit knapp 1 Stunde

Info: Sonntags haben die meisten Geschäfte geschlossen. ❷ **San Satiro** ist Di–Sa 9.30–17.30, So 14–17.30 geöffnet, die Krypta in ❻ **San Sepolcro** Do–Di 10–18 Uhr, das **Museum Martinitt e Stelline** Di–Sa 10.30–18.30 Uhr.

Von der ❶ **Piazza del Duomo** *biegst du in die lebhafte Einkaufsstraße Via Torino ein,* die das frühere Adelsviertel der Stadt durchschneidet. Im Zweiten Weltkrieg sind hier viele Paläste zerstört worden. Zum Glück haben die Bomben die Kirche ❷ **Santa Maria presso San Satiro** verschont. Bilderschänder hatten im 15. Jh. ein Marienfresko mit Steinen beworfen. Daraufhin sollen sich auf dem Antlitz der Madonna deutliche Blutspuren gezeigt haben. Herzog Gian Galeazzo Sforza ordnete den Bau einer Kirche für das Bild an. Im kleinen Inneren hat Do-

❶ Piazza del Duomo

❷ Santa Maria presso San Satiro

nato Bramante mit Hilfe eines optischen Tricks eine virtuelle Apsis für das Wunderbild der verletzten Maria geschaffen, die staunen macht.

SOULFOOD IN EINEM ALTEN MILCHLADEN

❸ Palazzo Erba-Odescalchi

Die Via Torino bietet mit vielen Schaufenstern Einblicke in die Konsumwelt; aber auch andere Einblicke sind möglich: *Gleich links hinter San Satiro geht die Via Unione (ehemals Contrada dei Nobili) ab,* deren noble Vergangenheit nur noch bei der Hausnummer 5 im **❸ Palazzo Erba-Odescalchi** mit seinem arkadengesäumten Hof zu erahnen ist. *Gegenüber in der Via Unione 6* entdeckt man einen alten, weiß gekachelten Milchladen aus den 1950er-Jahren, die **Vecchia Latteria** *(Sa/So und abends geschl. | Tel. 02 87 44 01 | €–€€)* mit vegetarischer Küche; beliebt ist die saftige *parmigiana,* der Auberginen-Käse-Auflauf.

❹ Princi

❺ Via Spadari

Apropos gutes Essen: In den Gassen nordwestlich der Via Torino tut sich ein regelrechtes Delikatessenviertel auf. *Nun wieder auf der Via Torino und nur ein paar Schritte zurück Richtung Domplatz,* duften zur Rechten *in der Via Speronari 6* die ofenfrischen Focacce der Bäckerei **❹ Princi**. Wunderbare Delikatessenläden – Schlaraffenland und Augenschmaus zugleich – finden sich jenseits der Via Torino in der von eleganten Libertyfassaden flankierten **❺ Via Spadari**. Das beginnt bei Nr. 4 mit dem – ziemlich touristischen – Delikatessenladen **Le Eccellenze di Esselunga**, gefolgt von der Nr. 6

wo die Firma Giusti edlen und edelsten Balsamessig aus Modena verkauft. Alle nur erdenklichen getrockneten Früchte und Nüsse importiert seit über 100 Jahren Noberasco (Nr. 8) und auf der gegenüberliegenden Straßenseite (Nr. 9) erstrecken sich die Schaufenster von Peck ➤ S. 71, seit 1883 *der* Feinkostladen der Mailänder, mit Restaurant und Café.

DÜSTERE HISTORIE UND DESIGN DES 21. JHS.

Über die Piazza Pio XI gelangst du zur Pinacoteca Ambrosiana, in deren Rücken die Kirche ❻ San Sepolcro aus dem 9. Jh. mit uralter Krypta steht. Vom Balkon des klotzigen Betonturms gegenüber, der Torre Littoria, gab Benito Mussolini am 23. März 1919 die Gründung der „Fasci Italiani di Combattimento" bekannt – die Geburtsstunde der faschistischen Bewegung. *Von der Piazza San Sepolcro geht es in die Via Bollo.* Hier kreuzen sich fünf Sträßchen, die Cinque Vie, die in jüngster Zeit mit Designevents von sich reden machen *(5vie.it).*

❻ San Sepolcro

Links über die Via Santa Maria Podone erreichst du die ❼ Piazza Borromeo, einst das Viertel der mächtigen Adelsfamilie mit ihrer Hauskirche Santa Maria Podone und gegenüber dem mittelalterlichen Palazzo Borromeo, heute noch Wohnsitz der Nachfahren. Carlo

❼ Piazza Borromeo

Wie das duftet! Hol dir bei Princi ein Stück ofenfrische Focaccia auf die Hand

Borromeo reformierte zum Ende des Konzils von Trient radikal die Mailänder Diözese, hielt sich die spanische Inquisition vom Hals, ersetzte sie durch eine eigene, „mildere" und spendete in den Pestjahren 1576/77 tat- und wunderkräftig Hilfe. Sein Vetter Federico gründete die Pinacoteca und die Biblioteca Ambrosiana.

EIN KÜNSTLER GIBT DEN BANKERN SAURES

❽ L.O.V.E. („Il Dito")

❾ Palazzo Litta

Von der Via Borromei (sehr eng, Vorsicht Autoverkehr!) solltest du über die Via Santa Maria alla Porta hinweg unbedingt einen Schlenker über die Piazza degli Affari machen: Hier provoziert seit 2010 ein riesiger „Stinkefinger" aus Marmor vor der wuchtigen Mailänder Börse: die Skulptur ❽ **L.O.V.E. („Il Dito")** des Künstlers Maurizio Cattelan. *Im Rücken der Börse erreichst du über die Via delle Orsole die Via Meravigli,* die in westliche Richtung zum Corso Magenta wird. An ihm erstreckt sich rechtsseitig der riesige ❾ **Palazzo Litta**, eine Adelsresidenz von 1648 in üppigen Barock- und Rokokoformen. Heute residiert hier die Kultur- und Denkmalpflege der Region Lombardei, auch Ausstellungen finden hier statt und selbst das Theater des Palazzos wird noch bespielt *(mtmteatro.it).*

EIN MUSEUM ZUR SOZIALGESCHICHTE

❿ Bar Magenta

⓫ Santa Maria della Stella

An der nächsten Straßenkreuzung mit der Via Carducci tut sich links die Jugendstil-❿ **Bar Magenta** auf, einst ein legendärer Treffpunkt der Mailänder – die Stühle auf dem Bürgersteig laden zum Erholen und Gucken ein. *Ein paar Schritte weiter, schon gegenüber von Santa Maria delle Grazie, geht es dann in den ehemaligen Klosterkomplex* ⓫ **Santa Maria della Stella**, der im 17. Jh. zum städtischen Waisenhaus für Mädchen wurde, die man *stelline* nannte: Sternchen. Noch bis 1971 wurde er in dieser Funktion genutzt. In Hausnummer 57 erzählt das **Museo Martinitt e Stelline** anhand alter Dokumente, Fotos, Werkstätten und Biografien die Geschichte der Waisenbetreuung (*martinitt* waren die Jungen). Der berühmteste Waise ist Leonardo del Vecchio, Gründer von Luxottica, der größten Brillenfabrik der Welt. Heute beherbergt die Klosteranlage ein Hotel, Restaurants und zeitgenössische Ausstellungen.

3 ARCHITEKTUR DES 20. UND 21. JAHRHUNDERTS

- Mailands erster öffentlicher Park mit einer Königsvilla
- Große Architekten und ihre Bauten
- Das umstrittene Graffito des „italienischen Banksy"

Start: Giardini Pubblici Indro Montanelli
Ziel: Piazza Gae Aulenti
Strecke: knapp 3 km
Dauer: 2–3 Stunden, reine Gehzeit ca. 45 Minuten

Los gehts in der Via Palestro bei den **1 Giardini Pubblici Indro Montanelli** ➤ S. 48. Unter der Habsburger Regentschaft wurde Ende des 18. Jhs. dieser erste öffentliche Stadtpark angelegt und unter Napoleon wurde aus dem Adelspalais Villa Belgioioso 1802 dessen Mailänder Residenz, die Villa Reale, die heute das Museum für moderne Kunst beherbergt. Trau dich hinein in die bezaubernden **2 Giardini di Villa Reale**, auch wenn der Park vornehmlich Kindern vorbehalten ist. Im Kontrast zu dieser heilen Welt steht das Graffito auf der Wand des Padiglione d'Arte Contemporanea: Der berühmte Street-Art-Künstler Blu zeigt die Stadt als ein Kokainbabylon. *Weiter auf der Via Palestro gelangst du zur Piazza Cavour.* Hier erhebt sich eines der ersten nach dem Zweiten Weltkrieg entstandenen modernen Hochhäuser: das **3 Centro Svizzero di Milano**, mit dem empfehlenswerten Bistrot und Loungelokal **Swiss Corner** *(tgl. 7.30–2 Uhr)* auch ein beliebter Aperitiftreff.

1 Giardini Pubblici Indro Montanelli

2 Giardini di Villa Reale

3 Centro Svizzero di Milano

NICHT ABSCHRECKEN LASSEN VOM „HÄSSLICHEN HAUS" …

An der Piazza Cavour nimmst du die zweite Straße rechts, die Via Turati. An ihrer Kreuzung mit der Via della Moscova, Largo Donegani bzw. Piazza Stati Uniti genannt, konzentrieren sich ein paar eindrucksvolle Gebäude: Die eine Ecke nimmt die **4 Ca' Brutta** ein, das „Hässliche Haus", eine wuchtige Wohnanlage von 1922 von Giovanni Muzio, bedeutender Architekt der Novecento-Moderne,

4 Ca' Brutta

❺ Palazzi Montecatini

❻ Mediateca Santa Teresa

❼ Palazzo del Corriere della Sera

❽ Latteria San Marco

der auch das Triennale Design Museum entwarf. Auf der anderen Platzseite kontrastieren dazu zwei Bürokomplexe von schnörkelloser Modernität: die ❺ **Palazzi Montecatini** von Giò Ponti, dem Gründer der berühmten Architektur- und Designzeitschrift „Domus". Der eine stammt von 1935–1938, der andere von 1951; Letzterer ist Sitz des US-Generalkonsulats.

MITTAGSPAUSE!

Beim Bummel über die Via della Moscova sieht man beim Blick in die rechten Seitenstraßen die neue Skyline der Porta Nuova schon zum Greifen nah. In Hausnummer 28 ist die elegante Medienbibliothek ❻ **Mediateca Santa Teresa** in der Barockkirche Santa Teresa untergebracht. An der Kreuzung mit der Via Solferino erhebt sich der Liberty-❼ **Palazzo del Corriere della Sera** von 1903, Sitz der namhaften Mailänder Tageszeitung. Man könnte nun den Redakteuren in die Mittagspause folgen, z. B. *in die Via San Marco (eine Querstraße zurück)* zur winzigen, urigen ❽ **Latteria San Marco** *(Sa/So geschl. | Via San Marco 24 | Tel. 02 65 97 65 3 | €€)* zu dampfenden Suppen und Schmorbraten. Kleine Bistros und feine Traditionslokale findest du *an der Querstraße Via Montebello oder in der Via Solferino,* etwa das stylishe **Quadri Bistrot** *(So/Mo geschl. | Nr. 48 | Tel. 47 75 55 05 | €€).*

Stilbildend: Den „Concept-Store" 10 Corso Como gab es schon lange vor dem Begriff

So gestärkt geht es *über die Via Marsala bis zur weiten, bühnenartigen Piazza 25 Aprile* mit dem Stadttor Porta Garibaldi von 1828. Zur Rechten lockt die gastronomische Erlebniswelt ⑨ **Eataly ➤ S. 71**, zur Linken siehst du den gläsernen Giebel der Kulturstiftung Feltrinelli der Schweizer Architekten Herzog & de Meuron und weiter geradeaus am Corso Como 10 geht es in die kreative Erlebniswelt des Concept-Stores ⑩ **10 Corso Como ➤ S. 72**. Die kurze Bummelmeile Corso Como führt auf die **Torre Unicredit** zu, mit ihrer 231 m hohen Spitze Italiens höchster Wolkenkratzer. Zu der Hochhausgruppe von 2012 namens **Porta Nuova ➤ S. 41** gehören außerdem die beiden vertikal begrünten Wohntürme, *Bosco Verticale* genannt und mit Architektur- und Umweltpreisen überschüttet, sowie das gläserne Verwaltungsgebäude der Region Lombardei. Verbindungsscharnier ist die ⑪ **Piazza Gae Aulenti ➤ S. 41**. Unter dem Platz verbirgt sich ein Supermarkt und hinter dem Neubauensemble geht es in den Kiez des Stadtteils Isola – ein ganz anderes, alternatives Szenario.

INSIDER-TIPP
Wohnen im vertikalen Wald

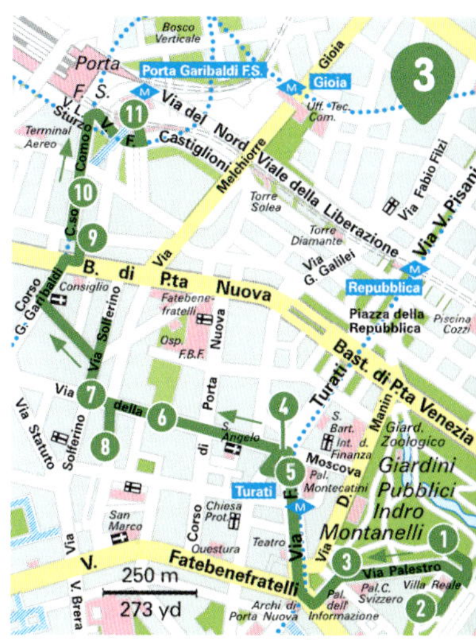

⑨ Eataly
⑩ 10 Corso Como
⑪ Piazza Gae Aulenti

④ URALTE KIRCHEN UND JUNGE SZENE

- ➤ Mittelalterliche Spiritualität und Uni-Campus
- ➤ Ein paar gute Adressen für die wohlverdiente Pause
- ➤ Junge Ausgehszene bei 16 römischen Säulen

Start	Sant'Ambrogio	Ziel	Sant'Ambrogio
Strecke	knapp 4 km	Dauer	2 ½ Stunden, reine Gehzeit ca. 1 Stunde

① Sant'Ambrogio

② Antica Confetteria Romanengo

③ Cucchi

Die Besichtigung der Basilika von ① **Sant'Ambrogio** ➤ S. 44 gehört zu den eindringlichsten Erlebnissen, die ein Mailandbesuch bietet. *Du kannst die Kirche dann durch den Nebenausgang hinter der Statue von Papst Pius IX. im rechten Seitenschiff verlassen und kommst über einen kleinen Weg (links Gebäude der katholischen Universität) in die Via Lanzone und weiter in die Via Caminadella:* Hier erwarten dich zwei besondere Speisetipps: leckere, deftige Tellergerichte in Nr. 21 im jungen *Zibo Campo Base (So/Mo geschl. | Tel. 0235999463 | zibocuochiitineranti.it | €)* und nebenan die süßen Herrlichkeiten – Törtchen und Pralinés – der ② **Antica Confetteria Romanengo** *(So-Nachmittag und Mo geschl. | Via Caminadella 23 | romanengo.com)*, die sich im kleinen, feinen Salon oder im Innenhof entspannt bei einer Tasse Tee genießen lassen.

So gestärkt erreichst du die lebhafte Piazza della Resistenza Partigiana – hier locken an der Ecke zum Corso Genova die köstlichen, mit Mandelcreme gefüllten Brioches der alteingesessenen Bar und Konditorei ③ **Cucchi** *(Mo geschl.)* – falls du überhaupt noch Platz im Magen hast ... *Vom Corso Genova biegt nach ein paar*

Geballte lombardische Romanik: im Hof der Basilika Sant'Ambrogio

Metern rechts die Via Calocero ab. Solltest du zur Aperitifzeit unterwegs sein, empfiehlt sich links in der *Via Torti 2* die lockere Art Bar Le Biciclette. *Die Via Calocero führt weiter zur Kirche* ❹ San Vincenzo in Prato, einer wiederaufgebauten romanischen Basilika aus dem 9. Jh., die im 19. Jh. sogar als Chemiefabrik genutzt wurde.

EIN KLEINER PARK UND EINE INTERESSANTE KIRCHE

Hinter der Kirche gehst du über die Via Ariberto und die Via Marco d'Oggiono zur Via Conca del Naviglio. Sie ist nach dem kleinen Hafenbecken ❺ Conca del Naviglio benannt, in dem Marmor für den Dombau verladen wurde. *Durch die Via Scaldasole erreichst du nun den lebhaften Corso di Porta Ticinese und die Kirche* ❻ Sant'Eustorgio ➤ S. 32 mit schöner Piazza. *Rechts an ihr vorbei* gelangt man in den besonders gepflegten ❼ Parco delle Basiliche (offiziell Parco Papa Giovanni Paolo II). Von der gut frequentierten Liegewiese aus schaut man auf die zahlreichen Apsiskapellen auf der Rückseite von ❽ San Lorenzo Maggiore ➤ S. 31. Das macht neugierig, sich die Basilika von vorn und genauer anzuschauen.

DIE STRASSE DER VINTAGELÄDEN

Auf der Piazza vor San Lorenzo am Corso Porta Ticinese – imposant mit 16 Säulen noch aus römischer Zeit – treffen sich an den Sommerabenden viele junge Leute. Abends öffnen in der Umgebung auch viele Kneipen. *Du gehst nun durch die* ❾ Via Mora, eine Straße mit interessanten Läden wie Gardenia, einem zauberhaften Blumenladen mit Kaffeeausschank, oder dem Vintageladen Cavalli e Nastri ➤ S. 75. Überhaupt ist hier Vintage Trumpf, so auch in den Läden Groupies, Bivio und SNAP, die Markenkleidung und Secondhandtaschen führen. *Weiter geht es danach über die Via Orazio und Via Lanzone – dann bist du wieder bei* ❶ Sant'Ambrogio *angelangt.*

❹ San Vincenzo in Prato

❺ Conca del Naviglio

❻ Sant'Eustorgio

❼ Parco delle Basiliche

❽ San Lorenzo Maggiore

❾ Via Mora

❶ Sant'Ambrogio

LOMBARDEI

Alte Städte, junges Land: Die Lombardei ist vielseitig und von oft überraschenden Gegensätzen geprägt. Zu den Bergen der Lombardei gehört sogar ein Viertausender, der Pizzo Bernina. Hinzu kommen liebliche Hügel, eine fast subtropische Seenlandschaft und eine fruchtbare, von Flüssen durchzogene Ebene.

Echte Entdeckungen sind die wunderschönen Altstädte von Bergamo, Cremona und Mantua. Bühnenartige Plätze mit ihren Cafés und Geschäften in Vigevano, Lodi und Crema beweisen, dass die Lombarden zu leben verstehen. Und mediterrane Villen und Gärten zie-

Zauberhafter Einstieg: Wer etwas Zeit hat, reist am Lago di Como entlang an

hen Reisende schon seit Goethes Zeiten an die Oberitalienischen Seen.

Mit rund 10 Mio. Ew. ist die Lombardei sehr dicht besiedelt und die wirtschaftsstärkste Region Italiens. Gleichzeitig geht es auch erstaunlich bäuerlich zu: Von den Reisfeldern der Lomellina an der Grenze zum Piemont bis zu den Olivenhainen am Gardasee ist die Region der größte Lebensmittelproduzent Italiens. Und überall lässt sich etwas entdecken: eine kaum bekannte Kapelle am Lago d'Iseo, ein Badestrand am Flussufer des Ticino, eine historische Industriesiedlung, eine nette Trattoria.

LOMBARDEI

MARCO POLO HIGHLIGHTS

★ **ALTSTADT VON BERGAMO**
Die alte Oberstadt bezaubert mit ihrem Charme ➤ S. 116

★ **CREMONA**
(Nicht nur) Geigen in der Stadt des Stradivari ➤ S. 124

★ **MANTUA (MANTOVA)**
Der weitläufige Palazzo Ducale – fast eine Stadt in der Stadt ➤ S. 122

★ **SABBIONETA**
Ein Traumgebilde aus der Renaissance: die Miniaturresidenz auf dem Dorf ➤ S. 124

★ **CERTOSA DI PAVIA**
Ein Kloster wie ein Schloss – die ganze Pracht der Renaissance ➤ S. 127

★ **VIGEVANO**
Atmosphäre tanken auf der eleganten Piazza mit ihren Arkaden ➤ S. 128

Sport wird in der Lombardei großgeschrieben. Neben den bestens ausgerüsteten Skigebieten, Wanderwegen und Thermalorten in den lombardischen Alpen werden immer mehr Radwege längs der pappelgesäumten Flussufer und um die Seen angelegt (eine App mit vielen Tourenvorschlägen auch auf Deutsch: Inlombardia Bike). Und auf besonders attraktiven Flussabschnitten kann man an sonntäglichen Bootsausflügen teilnehmen – Infos in den jeweiligen Tourismusbüros und auf *navigareinlombardia.it.*
MARCO POLO hat dem Gardasee sowie den Oberitalienischen Seen (Lago Maggiore, Luganer See, Comer See) eigene Bände gewidmet. Der vorliegende Band beschränkt sich deshalb auf die Kerngebiete der Lombardei.

BERGAMO

Die 120 000-Ew.-Stadt, vor allem die hoch gelegene ★ Altstadt, ist eine wahre Pracht.

Sie thront zwischen der Poebene und den Voralpen am Ausgang der grünen Täler von Brembo und Serio. Nach einer kurzen Zeit als freie Kommune kam Bergamo bis 1796 unter venezianische Herrschaft. Diese Mischung aus lombardischen und venezianischen Elementen macht den Ort so einzigartig. Während sich die moderne Unterstadt in der Ebene mit lebendigen Shoppingstraßen immer weiter ausgebreitet hat, ist die *Città Alta,* die Altstadt auf dem Hügel, weitgehend erhalten geblieben. Der Zugang zu ihr erfolgt am schönsten mit der Standseilbahn vom Viale Vittorio Emanuele oder zu Fuß vom Parkplatz bei der ehemaligen Kirche Sant'Agostino aus. *c3*

SIGHTSEEING

PIAZZA VECCHIA

Der gewaltige Glockenschlag im *Campanone (Di–Fr 10–18 Uhr, Sa/So 10–19 Uhr | 5 Euro)* ruft dich auf den mittelalterlichen Turm zwischen dem Palazzo della Ragione (heute Rathaus) und dem Palazzo del Podestà – natürlich des Ausblicks wegen! Zusammen mit dem Domplatz bildet diese beschauliche alte Piazza das Herz der Oberstadt. Ihre Mitte schmückt ein barocker Brunnen. Gemütlich sitzen, Leute schauen und Genuss pur versprechen die Cafés und Restaurants am Platz.

CAPPELLA COLLEONI

Die Kapelle am Domplatz in der Oberstadt, ein Höhepunkt der lombardischen Renaissance, wurde als Grabstätte für einen venezianischen Heerführer und seine Tochter im späten 15. Jh. von Giovanni Antonio Amadeo errichtet. Dass sich Stile durchaus ergänzen können, zeigen im Inneren u. a. die barocken Fresken von Giambattista Tiepolo (1733). *Di–So 9.30–12.30 und 14–16.30, März–Okt. bis 18 Uhr | Eintritt frei*

SANTA MARIA MAGGIORE

Dem malerischen romanischen Bau aus dem 12. Jh. fehlt die Fassade – dem Portal vorgesetzt ist eine wunderschöne Vorhalle aus dem 14. Jh. Sehenswert im Inneren ist vor allem der

Chor mit Intarsien im Chorgestühl, teilweise nach Entwürfen von Lorenzo Lotto. *Mo–Fr 10.30–12.30 und 14.30–18, Sa 10.30–18, So 13.30–18 Uhr | Piazza Duomo*

ACCADEMIA CARRARA DI BELLE ARTI

Für Freunde alter Malkunst ist der Besuch dieser phantastischen Gemäldesammlung in der Unterstadt ein Muss: Du entdeckst Werke u. a. von Sandro Botticelli, Giovanni Bellini, Andrea Mantegna, Lorenzo Lotto und Tizian. *Mo und Mi–Fr 9–17.30, Di 9–13, Sa/So 9.30–18.30, letzter Fr im Monat bis 23 Uhr | 15 Euro | Piazza Giacomo Carrara 82 | lacarrara.it | 1–2 Std.*

ESSEN & TRINKEN

IL CIRCOLINO DI CITTÀ ALTA

In dem lebendigen Gartenlokal treffen sich alle zu leckerer Lokalküche, zu den gefüllten Teigtaschen *casoncelli* oder dem guten Käse aus den Bergamasker Alpen. Pizza gibt es aber auch. *Tgl. | Vicolo Sant'Agata 19 | Tel. 0 35 21 85 68 | ilcircolinocittaalta.it | €*

RUND UM BERGAMO

1 CRESPI D'ADDA

20 km südwestlich von Bergamo/ 25 Min. über die A 4

In Crespi ist direkt am Fluss Adda eine außergewöhnliche Siedlung vom Ende des 19. Jhs. erhalten: die damalige

Ein Höhepunkt in Bergamos Oberstadt: die Cappella Colleoni am Domplatz

Wohnsiedlung für Arbeiter und Angestellte einer ehemaligen Textilfabrik. Vieles war damals technologisch und sozial geradezu revolutionär: Als erste Gemeinde Italiens wurde das Arbeiterstädtchen komplett mit Elektrizität versorgt, alle Kinder lernten lesen und schreiben, den Familien stand ein kostenloses Hallenbad zur Verfügung und vieles mehr. *c4*

INSIDER-TIPP
Warum Arbeiterhäuser zum Unesco-Welterbe wurden

2 MONZA

40 km südwestlich von Bergamo/ 40 Min. über die A 4

Auf dem Weg nach Mailand liegt diese alte langobardische Königsstadt

(123 000 Ew.). Im gotischen *Dom* wird die berühmte eiserne Krone der Langobarden aufbewahrt, mit der bis Napoleon alle italienischen Könige gekrönt wurden. Giuseppe Piermarini baute um 1780 am Rand von Monza die *Villa Reale (Mi–Fr Sommer 14.30–19.30, Winter 10–16, Sa/So 10.30–18.30 Uhr | 10 Euro | reggiadimonza.it)*, ein Sommerschloss für die österreichischen Statthalter der Lombardei. Die Gemächer der letzten italienischen Könige kann man besichtigen, hinzu kommen interessante Wechselausstellungen. Direkt am Schloss verzaubert der Rosengarten *Roseto Niso Fumagalli (Di–So 9–20 Uhr | Eintritt frei | airosa.it)*. Der eigentliche *Park (tgl. 7 Uhr–Sonnenuntergang | Eintritt frei)* mit Fahrradverleih ist so groß, dass sogar eine 6 km lange Autorennstrecke hineinpasst. Immerhin wird hier alljährlich der große Preis von Italien ausgetragen. Auch du könntest hier ein paar Runden drehen, z. B. mit dem Fahrrad auf der Rennpiste oder mit 300 km/h am Fahrsimulator *(50 Euro/30 Min. | tempiodellavelocita.it)*. c4

3 SAN PELLEGRINO TERME & VAL TALEGGIO

25 km bis San Pellegrino nördlich von Bergamo/35 Min. über die SS 470

Die stark befahrene Staatsstraße 470 führt nordwärts in die Val Brembana und ins Thermalbad *San Pellegrino*, wo das berühmte Mineralwasser aus dem Boden sprudelt. Grandhotel und Casino stammen aus der glorreichen Zeit vor dem Ersten Weltkrieg, als sich gekrönte Häupter im Kursaal entspannten und der europäische (Geld-)Adel sich um die Spieltische drängte. Nun wartet das prachtvolle alte Gemäuer darauf, neu zum Leben erweckt zu werden. Die *Thermalanlagen (qcterme.com)* im Libertystil haben das schon hinter sich: Durch einen neuen

Das Casino in San Pellegrino Terme: heute Location für Kongresse und Hochzeiten

Trakt erweitert, sind sie nun reichhaltiger ausgestattet denn je. Die Pracht des ehemaligen Casinos bildet heute die Bühne für Hochzeiten und Kongresse. Nördlich von San Pellegrino zweigt das *Taleggiotal* ab, aus dem der berühmte Käse kommt. Spätestens in *Vedeseta,* nach kurvenreicher Fahrt mit herrlichen Ausblicken, versteht man, warum dieses Tal mit seinen lieblichen Almen auch Piccola Svizzera, kleine Schweiz, heißt. Den Taleggiokäse gibt es in Vedeseta u.a. bei der Kooperative *Sant'Antonio (Ortsteil Reggetto | Tel. 0 34 54 74 67 | santantoniovaltaleggio.it)* zu kosten und zu kaufen. *c3*

BRESCIA

Am Fuß der Voralpen liegt Brescia, zweitgrößte Stadt der Lombardei (197 000 Ew.), die hinter einem zersiedelten Industriegürtel ein äußerst sehenswertes Zentrum verbirgt.
Jede Epoche hat hier einen Platz geprägt: die Antike das Forum (Piazza del Foro) mit eindrucksvollen Tempelruinen, das Mittelalter die Piazza Duomo/Piazza Paolo VI, die heitere venezianische Renaissance die Piazza della Loggia und die Moderne die Piazza della Vittoria – kühle Marmorpracht aus der Zeit des italienischen Faschismus. *e4*

SIGHTSEEING

PIAZZA DELLA LOGGIA
Unter der Herrschaft Venedigs im 16. Jh. wurde diese harmonische Anlage mit dem *Uhrturm (Torre dell'Orologio)* zum Mittelpunkt der Stadt. Wichtigstes Bauwerk ist die Loggia (ehemaliges Rathaus) in wunderschöner lombardisch-venezianischer Renaissance mit Kuppeldach nach dem Vorbild von Andrea Palladios Basilica in Vicenza.

PIAZZA DEL DUOMO (PIAZZA PAOLO VI)
Das ist das mittelalterliche Zentrum der Stadt mit dem alten Rathaus *Broletto* aus dem 12. Jh., dem Stadtturm *Torre del Popolo* und dem altehrwürdigen zentralen Kirchenbau der *Rotonda (Duomo Vecchio)* im strengen Stil der Romanik. Der „neue" Dom stammt aus dem Manierismus, der Übergangszeit zwischen Renaissance und Barock.

SANTA GIULIA MUSEO DELLA CITTÀ
In der großartigen langobardischen Klosteranlage (Unesco-Welterbe) ist nicht nur Platz für zwei Kirchen – San Francesco mit herrlichen Wandmalereien aus dem 9. Jh. und Santa Giulia aus dem 15. Jh. –, sondern auch für die städtischen Museen. Mit spannenden Funden geben sie Einblick in die keltische, römische, langobardische und mittelalterliche Stadtgeschichte. Auch wertvolle Kunstwerke sind zu sehen und regelmäßig werden hochkarätige Ausstellungen ausgerichtet. *Di–So 10–18, Juni–Sept. bis 19 Uhr | 15 Euro | Via dei Musei 81b | bresciamusei.com | 2–3 Std.*

PINACOTECA TOSIO MARTINENGO
Brescias alten Bürgerstolz erspürt man in dieser phantastischen Gemälde-

galerie in einem barockisierten Adelspalast aus dem 16. Jh. Sie zeigt vor allem lombardische, aber auch venezianische Malerei aus dem 15.–17. Jh., darunter Vincenzo Foppa und Lorenzo Lotto. Glanzstücke sind die Werke der Malschule von Brescia um Alessandro Moretto und Girolamo Romanino. *Di–So 10–18, Juni–Sept. bis 19 Uhr | 10 Euro | Piazza Moretto 4 | ⏲ 1–2 Std.*

ESSEN & TRINKEN

TRATTORIA AL FRATE

Bis spät geöffnetes Traditionslokal im Zentrum mit lokaler Küche. Probier die herrlichen *tortelli di zucca* (Kürbistäschchen)! Reichhaltige Weinkarte. *Mo geschl. | Via dei Musei 25 | Tel. 03 03 77 05 50 | alfrate.com | €–€€*

RUND UM BRESCIA

4 FRANCIACORTA

25 km bis Torbiato nordwestlich von Brescia/30 Min. über die SP 510 und SP 49

Die champagnerartigen Schaumweine dieses Weinbaugebiets südlich des Iseosees haben in Norditalien geradezu Kultcharakter. Einen guten Einstieg ermöglicht die moderne Vinothek *Dispensa Pani e Vini (Mo geschl. | Ortsteil Adro | Via Principe Umberto 23 | Tel. 03 07 45 07 57 | dispensafranciacorta.com | €€)* mit Bar und Restaurant in *Torbiato* oder bei Erbusco die größte Weinhandlung des Gebiets: *Cantine di Franciacorta (cantinedifranciacorta.it)* an der Provinzstraße SP XI zwischen Rovato und Iseo. Und wer gar nichts mit Wein im Sinn hat, kann preisgünstig im *Franciacorta Outlet Village (tgl. 10–20 Uhr | Piazza Cascina Moie 1 | franciacortaoutlet.it)* in *Rodengo-Saiano* shoppen. 🕮 d4

5 ISEOSEE (LAGO D'ISEO)

20 km bis Iseo nordwestlich von Brescia/30 Min. über die SP 510

Beim Städtchen Iseo erreichst du den gleichnamigen See. Die Kunstaktion *Floating Piers* des Verpackungskünstlers Christo hat 2016 den See mit seinen hübschen Dörfern und Seehotels weltweit in die Schlagzeilen gebracht. Mitten im See liegt der grüne Hügel Monte Isola, die größte Seeinsel Italiens, mit schönen, sonntags allerdings überlaufenen Spazierwegen. Die Überfahrt erfolgt von Iseo, Sulzano oder Sale Marasino aus. In *Pisogne* an der Nordspitze des Sees gibt es einen phänomenalen, bestens erhaltenen Freskenzyklus (um 1534) von Girolamo Romanino zu entdecken, einem alten Meister aus Brescia. In der *Kirche Santa Maria della Neve (Di–So 10–18 Uhr | Eintritt frei)* erzählt er die Passion Christi – sie wird nicht umsonst auch „Sixtinische Kapelle der Armen" genannt. 🕮 d3–4

INSIDER-TIPP **Kunsthistorische Kostbarkeit**

6 CAPO DI PONTE

Gut 1½ Std. mit dem Regionalzug (trenord.it) von Brescia

Längs des rauschenden Flusses Oglio liegt Capo di Ponte (2400 Ew.) im Zentrum eines Gebiets mit vorzeitlichen Felszeichnungen. Rund 300 000 Steingravuren aus dem 8.–7. Jahrtausend v. Chr. sind hier im Tal Valcamonica gefunden worden – du begegnest vor einer herrlichen Bergkulisse den Anfängen der europäischen Zivilisationsgeschichte. Im Ortsteil Naquane erstreckt sich der *Parco Nazionale delle Incisioni Rupestri (Di–So 8.30–14 Uhr, im Sommer länger | 6 Euro inkl. MUPRE | parcoincisioni.capodiponte.beniculturali.it)*, in dem auf mehreren Rundgängen rund 100 bearbeitete Felsen zu finden sind, darunter die Roccia Grande mit ca. 1000 Figuren. Das zugehörige *MUPRE – Museo Nazionale della Preistoria della Valle Camonica (Di–Fr 10–16, Sa/So 10–13 und 14–18 Uhr | mupre.capodiponte.beniculturali.it)* steht im Ortszentrum. *e2*

7 GARDASEE (LAGO DI GARDA)

35 km bis Salò nordöstlich von Brescia/35 Min. über die SS 45bis

Der Lago di Garda ist mit 370 km² der größte See Italiens. Durch den Monte Baldo geschützt, ist er gerade bei den Deutschen und Österreichern beliebt, die ihn schnell erreichen können. Zur Lombardei gehören das Südufer mit Sirmione und Desenzano und das Westufer, die mondänste, von italienischen Urlaubern bevorzugte Ecke am See. Ausführlich informiert der MARCO POLO „Gardasee“. *e–f 3–4*

8 CASTIGLIONE DELLE STIVIERE & SOLFERINO

40 km bis Solferino südöstlich von Brescia/40 Min. über die A 4

Bei *Solferino* und im nahen *San Martino della Battaglia* wurden im Sommer

Eine Art italienische Champagne: Die Schaumweine der Franciacorta sind Kult

1859 die blutigsten Schlachten der italienischen Einheitsbewegung zwischen Franzosen und Piemontesen einerseits und Österreich-Ungarn andererseits geschlagen. Der Anblick von Tausenden Verletzten soll dem Schweizer Geschäftsmann und Humanisten Henry Dunant den Anstoß zur Gründung des Roten Kreuzes 1863 in Genf gegeben haben. Davon erzählt das *Museo Internazionale della Croce Rossa (Di–So 9–12, Sa sowie 2. und 4. Do und Fr und 1., 3. und 5. So im Monat auch 15–18 Uhr | 8 Euro | Via Giuseppe Garibaldi 50 | micr.it | 1 Std.)* in Castiglione. *e4*

MANTUA (MANTOVA)

Der Fluss Mincio zieht sich breit wie ein See um die halbe Altstadt, ein wunderbarer Anblick auch im nebligen Winter. Der größte Schatz der gemütlichen Renaissancestadt ★ Mantua (49 000 Ew.) ist ein kleiner ausgemalter Raum in der riesigen Burganlage im Zentrum.

Unter der Herrschaft der Familie Gonzaga wurde der Ort im 15./16. Jh. zu einem der prunkvollsten Hofsitze Europas. Die größten Künstler der Zeit – Andrea Mantegna, Leon Battista Alberti, Giulio Romano – ließen sich von den Gonzaga in Dienst nehmen. Großartige Kirchen wie Sant'Andrea mit Fassade in Form eines Triumphbogens und San Sebastiano in klassischer Strenge sowie viele Paläste entstanden.

Man bummelt durch die Innenstadt, z. B. über die malerische Piazza Erbe mit der romanischen Rotonda di San Lorenzo oder durch die Einkaufsstraßen Via Roma und Corso Umberto I. Die von der nahen Emilia beeinflusste Küche Mantuas wird von Feinschmeckern gerühmt. *f5*

SIGHTSEEING

PALAZZO DUCALE

Ausgehend von einem mittelalterlichen Wehrturm mit acht Baukörpern, mehreren Innenhöfen, Terrassen und hängenden Gärten, ist der Palazzo Ducale eine regelrechte Stadt in der Stadt, zu der jeder Gonzaga-Herzog von Mitte des 15. bis Anfang des 17. Jhs. etwas beitragen wollte. Eine der größten Kunstsammlungen Europas wurde später in alle Winde zerstreut.

Geblieben ist – neben den imposanten Räumlichkeiten – das großartige Fresko, das Andrea Mantegna in zwei Arbeitsphasen um 1465 und 1474 in die kleine, berühmte *Camera degli Sposi (Voranmeldung unter Tel. 04 12 41 18 97 oder ducalemantova.org)*, das „Hochzeitszimmer", malte. Es zeigt Markgraf Ludovico mit Frau und Hofstaat, wie er auf seinen Sohn Francesco wartet, der zum Kardinal ernannt wurde, wie ihm in einem Brief mitgeteilt wird, den der Graf noch in der Hand hält. Mit ihrem repräsentativen Gestus wurde die Camera degli Sposi zum Vorbild für viele andere europäische Fürstenhöfe. *Buchung mit Zeitfenster über die Website | 15 Euro | Piazza Sordello 40 | ducalemantova.org | 1–2 Std.*

Göttergewitter: Jupiter schleudert Blitze in Mantuas Palazzo del Tè

PALAZZO DEL TÈ
Mächtige Riesen stemmen Gewölbe und einstürzende Felsen: Wild geht es zu auf den Fresken, mit denen Giuliano Romano um 1535 einige Säle der Sommerresidenz der Gonzaga am Südende der Stadt ausschmückte. Rauschende Feste wurden hier einst gefeiert. Heute werden in den Sälen interessante Wechselausstellungen ausgerichtet. *Mi–Mo 9–18.30, April–Okt. bis 19.30 Uhr | 15 Euro | Viale Tè 13 | palazzote.it | ⏱ 1–2 Std.*

ESSEN & TRINKEN

ANTICA OSTERIA AI RANARI
Man fühlt sich in alte Zeiten versetzt: handfeste Wirtsleute, rustikale Holztische und echte Mantuaner Hausmannskost. Hier solltest du mal frittierte Frösche oder *risotto alla pilota* probieren, körnigen Reis mit Wurstbrät. *Mo geschl. | Via Trieste 11 | Tel. 03 76 32 84 31 | ranari.it | €–€€*

OSTERIA DELLE CINQUE LIRE
Die Osteria ist eines der beliebtesten Ausflugslokale um Mantua (du solltest unbedingt reservieren!), 11 km südöstlich an der SP 482: Auf den Tisch kommt üppige, leckere Hausmannskost, im Sommer auch draußen, buntes, fast kitschiges Ambiente und stets supergute Stimmung. *Mo geschl. | Pontemerlano | Strada Ostigliese 1 | Tel. 03 76 66 90 82 | Facebook | €*

INSIDER-TIPP
Tafeln mit gut gelaunten Einheimischen

Stradivaris Heimatstadt Cremona ist heute noch ein Zentrum des Geigenbaus

RUND UM MANTUA

9 CURTATONE

7 km westlich von Mantua/10 Min. über die SP 10

Die kurze Fahrt lohnt wegen der Wallfahrtskirche *Santa Maria delle Grazie* im Renaissancestil mit ihren einzigartigen, wie Theaterpuppen gestalteten Votivfiguren, die aus Nischen hinunter in den Kirchenraum schauen. Im August treffen sich auf dem Vorplatz Dutzende Madonnenmaler. Zum Ausflug gehört es, sich an die Tafel der *Locanda delle Grazie (Mi geschl. | Piazza Santuario | Tel. 03 76 34 80 38 | €–€€)* zu den köstlichen, mit Kürbis gefüllten Teigtaschen *tortelli di zucca* zu setzen. f5

INSIDER-TIPP
Dankgaben für göttliche Rettung aus höchster Not

10 SABBIONETA ★

32 km südwestlich von Mantua/ 40 Min. über die SP 420

Das sind Träume, die nur in der Renaissance wahr werden konnten: 1554 wollte Vespasiano Gonzaga es seinen eingebildeten Vettern in Mantua zeigen und zog sich aufs Dorf zurück. Hier in Sabbioneta, in einer Poschleife gelegen, ließ er einen kleinen Hofstaat aus dem Boden stampfen mit Palazzo Ducale und Theater (Teatro Olimpico), Kunstgalerie und Waffenhof, Kirchen, Klöstern und Palästen (teilweise herrlich ausgemalt), das Ganze von einer Befestigungsanlage gesichert. Alle Gebäude innerhalb der Mauern lassen sich mit einem einzigen Ticket besichtigen. *Di–So 10–13, Di–Fr auch 14.30–17, Sa/So auch 14.30–18 Uhr | 18 Euro | beim Ufficio Turismo | Piazza d'Armi 1 | visitsabbioneta.it | 2–3 Std. |* e6

CREMONA

Die Heimatstadt des Geigenbauers Antonio Stradivari, ★ Cremona (70 000 Ew.), gehört mit ihrer mit Flusskieseln gepflasterten Altstadt und der monumentalen Domanlage zu den beliebtesten Reisezielen in der Lombardei.

Eine ganze Reihe Handwerksbetriebe für Saiteninstrumente hat die Stadt zum Musikzentrum gemacht mit einem Showroom an der Piazza Stradivari *(cremonaviolins.com)*. Die berühmten Süßigkeiten (Torrone, eine feste Zuckerteigmasse mit Mandeln) bekommst du in der Fußgängerzone des Corso Matteotti mit seinen stilvollen Läden. Und auf den schönen Plätzen Piazza Stradivari und Piazza del Comune/Piazza del Duomo lassen sich alle gern und entspannt in den angenehmen Straßencafés nieder. *d5*

SIGHTSEEING

PIAZZA DEL COMUNE

Das monumentale Zentrum der Stadt, einer der schönsten mittelalterlichen Plätze Italiens mit dem Dom, dem gotischen Torrazzo, dem romanischen Baptisterium, der Loggia dei Militi (Versammlungssitz der Führer der städtischen Milizen) und dem Palazzo del Comune (alter Amtssitz der Stadtregierung). Der *Torrazzo (Di–So, März–Dez. tgl. 10–13 und 14.30–18 Uhr | 10 Euro)*, Symbol der Stadt und mit 112 m der höchste Glockenturm Italiens, wurde 1267 errichtet. Von oben großartige Aussicht!

DOM

Wunderschön liegt der alte romanische Dom an seiner geruhsamen Piazza, im Straßencafé fühlt man sich mitten auf einer mittelalterlichen Bühne. Ab 1107 begann sein Bau mit der zweigeschossigen Fassade, der kunstvollen Fensterrose und dem festlichen Portikus. Das dreischiffige Innere ist mit Fresken lombardisch-venetischer Meister ausgemalt. *Tgl. 7.30–19 Uhr*

MUSEO CIVICO ALA PONZONE

Im Gebäude des Museo Civico ist die hochkarätige Pinakothek mit lombardischer Malerei vom 15. bis 19. Jh. untergebracht sowie eine reiche Sammlung historischer Streich- und Zupfinstrumente. *Di–So 10–17 Uhr | 10 Euro | Via Ugolani Dati 4 | 1 Std.*

MUSEO DEL VIOLINO

Am Südrand der Altstadt befindet sich das moderne Museum mit einer wertvollen Sammlung alter und neuer Streichinstrumente, dem gesamten Nachlass von Stradivari und Sonderausstellungen zum Thema Geige. *Di–Fr 11–17, Sa/So 10–18 Uhr | 12 Euro | Piazza Guglielmo Marconi | museodelviolino.org | 1 Std.*

ESSEN & TRINKEN

HOSTERIA 700

Hier schmecken die Teigtaschen *marubini cremonesi* auch deshalb so gut, weil man in einem gediegenen Palazzo mitten im Zentrum tafelt. *Tgl. | Piazza Gallina 1 | Tel. 0 37 23 61 75 | hosteria700.com | €€*

RUND UM CREMONA

11 CREMA

40 km nordwestlich von Cremona/ 45 Min. über die SP 415

Durch die typische Landschaft der Poebene mit Pappelhainen und großen Feldern für Mais- und Futterklee erreichst du dieses schöne alte italienische Städtchen (35 000 Ew.) am Ufer des Serio. Dass es von 1499 bis 1797 zum Herrschaftsgebiet Venedigs gehörte, erkennt man etwa an der großen, von Laubengängen gesäumten Renaissancepiazza, an der der *Palazzo del Comune* mit venezianischen Fenstern aus dem 16. Jh. steht. Hier liegt auch die größte Sehenswürdigkeit der Stadt, der lombardisch-gotische *Dom* im typischen braunen Backstein. Sein Glockenturm aus der Renaissance prägt noch immer die Stadtsilhouette.

Im Augustinerkloster aus dem 15. Jh. mit seinen eindrucksvollen Kreuzgängen ist das *Museo Civico Cremasco (Di 14–17, Mi–Fr 10–12 und 14–17.30, Sa 10–12 und 15.30–18.30, So 10–12 und 15–18 Uhr | Eintritt frei | Piazzetta Winifred Terni de' Gregorj 5 | turismo cremona.it |* ⏲ *1 Std.)* untergebracht. Was es hier nicht alles zu bestaunen gibt: keltische Funde aus der Gegend, verwitterte Wracks von Flusskähnen aus der Adda, 200 Schreibmaschinenmodelle (in Crema einst ein wichtiger Industriezweig), Arbeiten von lokalen Künstlern bis heute und vieles mehr. Einen Abstecher an den nördlichen Stadtrand lohnt die Wallfahrtskirche *Santa Maria della Croce*, ein Zentralbau, der im Stil Donato Bramantes um 1500 entstanden ist.

Wundervolle Kuchen und verführerische Süßigkeiten verkauft die *Pasticceria Treccia d'Oro (Mi geschl.)* auf der Piazza Garibaldi, darunter den für Crema typischen Hefezopf, die *treccia*.
c4

Die ganze Pracht der Renaissance: Kreuzgang der Certosa di Pavia

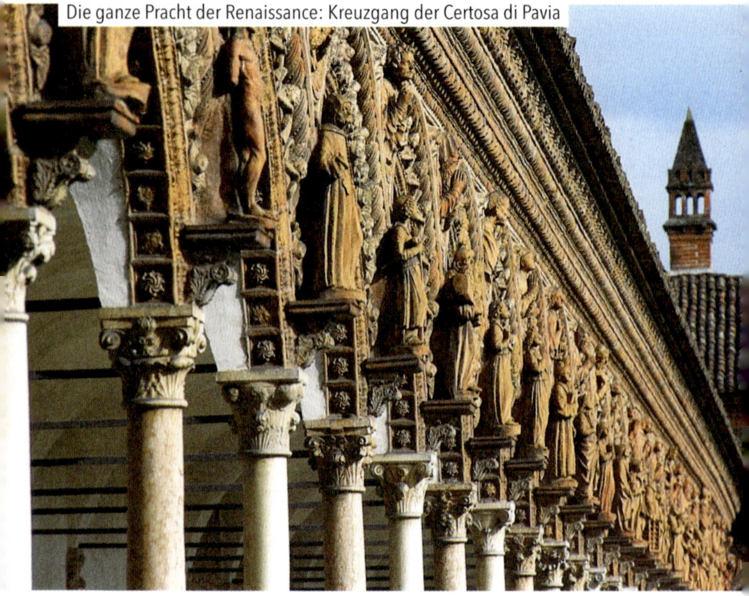

12 LODI

50 km nordwestlich von Cremona/ knapp 1 Std. über Castiglione d'Adda

Die Kleinstadt (45 000 Ew.) gehört zu den bislang kaum entdeckten Schönheiten der Lombardei. Allein schon die malerische *Piazza della Vittoria* mit dem Dom (ab 1158), von Laubengängen voller Cafés umgeben, und die Kirche *San Francesco* lohnen den Besuch. Der Höhepunkt aber liegt in der Via Incoronata: die achteckige Renaissancekirche *Tempio Civico della Beata Vergine Incoronata,* die komplett mit biblischen Motiven ausgemalt ist: Als Dank für die Madonna nach überstandener Pest sammelten die Bürger und ließen diesen Tempel errichten.

Die Umgebung durchzieht ein Netz aus Radwegen *(bicilodi.movimentolento.it),* eine besonders reizvolle Strecke folgt nördlich von Lodi zwischen Boffalora d'Adda und Rivolta d'Adda der sich dahinschlängelnden Adda. ▯ c5

PAVIA

Der Magnet ist das grandiose Renaissancekloster ein paar Kilometer nördlich vor den Stadttoren von Pavia. Und die Stadt (73 000 Ew.) selbst? Eine alte Königsstadt.

Vor dir waren schon viele mittelalterliche Könige da, die Langobarden, Karl der Große, der römisch-deutsche Kaiser Heinrich II. ließ sich 1004 hier zum König von Italien krönen. Noch heute hat Pavia etwas Mittelalterliches, mit engen Gassen und altehrwürdigen Kirchen wie der romanischen Basilika *San Michele* und der Kirche *San Pietro in Ciel d'Oro.* Durch die Innenstadt führt der schnurgrade Corso Strada Nuova: vom *Kastell* mit den städtischen Museen in Bahnhofsnähe bis zur schönsten Flussbrücke Norditaliens, dem *Ponte Coperto* überm Fluss Ticino, beides Bauwerke aus dem 14. Jh., der Zeit der Mailänder Visconti-Fürsten. Nach ihrer Zerstörung im Zweiten Weltkrieg wurde die überdachte Brücke aus rotbraunem Backstein originalgetreu wieder aufgebaut. Am Corso liegt auch die *Università* (14.–18. Jh.), eine der ältesten Europas. Über elegante Innenhöfe gelangt man ins Labyrinth der teils mit Fresken geschmückten Hörsäle.

Im grünen, wasserreichen Umland wächst der Reis für Risotto. Den bekommt man – neben knuspriger Pizza und dem Blick auf den imposanten *Dom* aus Backstein – in der Pizzeria *Hosteria Regisole (Mo-Mittag geschl. | Piazza Duomo 4 | Tel. 03 82 53 09 20 | €–€€).* Lokale Spezialitäten – z. B. Risotto mit Salsiccia – in hervorragender Qualität serviert die *Osteria della Malora (So-Abend und Mo geschl. | Via Milazzo 79 | Tel. 0 38 23 43 02 | €).* ▯ b5

RUND UM PAVIA

13 CERTOSA DI PAVIA ★

10 km nördlich von Pavia/15 Min. über die SP 35

Wie eine kostbare Krone erhebt sich die Certosa von Pavia aus der flachen

Sumpflandschaft. Das Kartäuserkloster, das eher wie ein Schloss wirkt, wurde 1390 vom Visconti-Herzog gebaut, um die Grablege der Familie aufzunehmen. 100 Jahre später entstand die prächtige Marmorfassade der Kirche. Neben den herrlichen Innenhöfen kann man auch Mönchszellen besichtigen. *Di–So 9–11.30 und 14.30–16.30, Mai–Aug. bis 18 Uhr | Eintritt frei (Spende erwünscht) | 1–2 Std. |* b5

14 VIGEVANO ★

45 km nordwestlich von Pavia/ 50 Min. über die SP 596 und SP 206

Schuhe und ein berühmter Platz: Diese beiden Wahrzeichen der Stadt (62 000 Ew.), wie Pavia am Ticino gelegen, wollen nicht so recht zusammenpassen. In dem edlen Schuhwerk, das in hiesigen Betrieben hergestellt wird, spürt man jeden Flusskiesel, mit dem die riesige *Piazza Ducale* gepflastert ist.

Italien ist ja nicht gerade arm an schönen Plätzen, aber dieser hier, ein von Renaissancearkaden gesäumtes Rechteck, gehört unbestritten zu den schönsten. 1494 ließ ihn Herzog Ludovico il Moro aus der Mailänder Sforza-Familie als festlich-eleganten Vorhof für seine Burg anlegen. 200 Jahre später entstand der Dom auf der gegenüberliegenden Seite des Platzes, damit wurde seine Ausrichtung gleichsam „gedreht". Durch die Anlagen der riesigen *Sforza-Burg (April–Okt. Mo–Fr 9–18, Sa/So 9–18.30, Nov.–März Mo–Fr 9–17, Sa/So 9–17.30 Uhr | Eintritt frei)* kann man spazieren, den Turm mit schöner Aussicht besteigen.

Wunderbare Brokatseidenschühchen aus der Renaissance, High Heels für Marilyn Monroe oder kultige Manolo Blahniks für die Sex-and-the-City-Heldinnen zeigt das *Museo Internazionale della Calzatura (Di–Fr 14–17.30, Sa/So 10–18 Uhr | 5 Euro | Piazza Ducale 20 | museocalzaturavigevano.it)* in der Burg.

Eine reiche Auswahl an guten Weinen, zu denen man mittags, zum Aperitif und abends Käse- und Aufschnittplatten bekommt, bietet das moderne, ansprechende Weinlokal *Vespolina (Mo und mittags geschl. | Via Cairoli 10 | Tel. 03 81 68 12 85 | €€)* im Zentrum. b5

15 LOMELLINA

45 km bis Mortara westlich von Pavia/50 Min. über die SP 596

INSIDER-TIPP **Wo der Reis fürs Risotto wächst**

Ein ganz anderes Gefühl von Italien vermittelt eine Fahrt durch die Reisfelder der Lomellina, die gegen Ende April geflutet werden und dann bis zum Juli unter Wasser stehen; geerntet wird im September. Auf dem Schlemmerfest *Sagra del Riso* Mitte Juni in Sannazzaro de' Burgondi probiert man sich durch zahlreiche Reisrezepte durch.

Einige Reisbauern bieten Direktverkauf an, z. B. die *Azienda Agricola Zerbi (Di–Sa 7.30–13 und 15.30–19, So 8.30–12.30 Uhr | Via Roma 67 | risozerbi.it)* im Dorf *Pieve Albignola,* wo du den erstklassigen Risottoreis der Sorte Carnaroli bekommst. Und im italienweit für seine Gänse bekannten *Mortara* kannst du in der *Gänseschlachterei Corte dell'Oca Palestro (Via Francesco I*

Sforza 27 | cortedelloca.com) erstklassige Salami und Schinken aus Gänsefleisch kaufen. *a5*

16 OLTREPÒ PAVESE

32 km bis Santa Maria della Versa südlich von Pavia/45 Min. über die SP 617 und SP 201

Jenseits („oltre") von Po und Autobahn beginnt 20 km südlich bei Stradella das Hügel- und Rebenland des Oltrepò Pavese. Eines der Weinzentren ist *Santa Maria della Versa*. Kurz vor dem Ort liegt an der Provinzstraße SP 45 die *Osteria Mondo Piccolo (Mo/Di geschl. | Sannazzaro | Tel. 0385 79 169 | €)*: eine schlichte „kleine Welt", doch auf den Tellern überraschen erstklassige Schinken, Risotto mit Brennnesseln, superbes Fleisch und hausgemachte Süßspeisen, der Wein kommt aus den nahen Kellereien. *b–c 5–6*

VARESE

Hübsch und aufgeräumt ist es hier, mit Gartenanlagen und reizenden Villen aus der Jahrhundertwende.

Ihr Geld verdienen die Stadt (81 000 Ew.) und ihre Provinz mit Hightech, Luftfahrtelektronik, Haushaltsgeräten und Textilien. In einem großen Park liegen der prächtige barocke *Palazzo Estense,* der heute als Rathaus dient, sowie die Villa Mirabello mit dem archäologischen *Civico Museo di Villa Mirabello (Di–So 9.30–12.30 und 14–18 Uhr | 5 Euro | 1–2 Std.)*. Traditionelle Küche mit phantasiereichen Variationen gibt es im Zentrum in der rustikal-schicken *Vecchia Trattoria della Pesa (Mo geschl. | Via Carlo Cattaneo 14 | Tel. 0332 28 70 70 | anticatrattoriadellapesa.com | €€).*

Vigevanos Piazza Ducale: ein Traum von einem Platz – nur nicht gerade in High Heels

Im Ortsteil Biumo hat der große Kunstsammler Giuseppe Panza di Biumo seine barocke *Villa Menafoglio Litta Panza di Biumo (Di–So 10–18 Uhr | 15 Euro | Piazza Litta 1 | 1–2 Std.)* mit US-amerikanischer Minimal-, Concept- und Land-Art gefüllt und sie mitsamt ihrem herrlichen Garten dem Denkmalschutzverein FAI *(fondoambiente.it)* geschenkt. Dazu gibt es das Gourmetrestaurant *Luce (Mo geschl. | Tel. 03 32 24 21 99 | risto ranteluce.it | €€–€€€)* mit hinreißender Parkterrasse.

INSIDER-TIPP
Ein Kunstmäzen und sein Erbe

Oberhalb von Varese liegt der barocke Marienwallfahrtsort *Sacromonte di Varese (sacromonte.it)* mit einer *Via Sacra* aus 14 mit Figuren und Fresken ausgeschmückten Kapellen, die lebensnah und anschaulich die Geschichte von Jesus Christus erzählen. Diese „heiligen Berge" waren im 16. und 17. Jh. typisch in Norditalien als Propagandainstrumente der Gegenreformation; heute stehen sie auf der Unesco-Welterbeliste. *b3*

INSIDER-TIPP
Heiligentheater auf dem heiligen Berg

RUND UM VARESE

17 COMER SEE (LAGO DI COMO)

30 km bis Como östlich von Varese/ 1 Std. über Malnate und Olgiate

Der Lago di Como füllt ein vom Klima verwöhntes Voralpenbecken. Der Lario, wie er nach dem alten römischen Namen auch genannt wird, bildet eine der ganz großen Naturschönheiten der Lombardei. Über ihn informiert ausführlich der MARCO POLO „Oberitalienische Seen". *b–c 2–3*

18 LAGO MAGGIORE

25 km bis Angera westlich von Varese/40 Min. über die SP 36

Der mit 65 km Ausdehnung längste See Italiens wird vom Ticino gespeist. Zur Lombardei gehört das „ärmere" Ostufer, während der Norden zum Schweizer Kanton Tessin und das Westufer zur Region Piemont gehört. Ausführlich informiert der MARCO POLO Band „Oberitalienische Seen", sehr hilfreich ist auch die Website *der lagomaggiore.de*. *a2–3*

VALTELLINA

Am Wochenende flüchten die Städter aus Mailand, Brescia oder Bergamo in die Tallandschaft Valtellina.

Das lange Tal erstreckt sich vom oberen Comer See aus an der Adda entlang gen Osten und zieht sich unterhalb des Berninamassivs weiter bis hoch hinauf zum Stilfser Joch. In den Seitentälern wird im Sommer gewandert, im Winter kommt man zum Skifahren. Nach dem Workout auf waghalsigen MTB-Trails lädt man seine Energien mit köstlichen *pizzocheri* aus Buchweizenmehl wieder auf. Dazu schmecken der luftgetrocknete Schinken Bresaola und Rote wie Sassella oder Sforzato von den hiesigen Weinbergen.

Ob prämiert oder nicht: Versuch in der Valtellina unbedingt den Almkäse Bitto Storico!

Der Hauptort ist *Sondrio* (22 000 Ew.) im mittleren Teil des Tals. Hier gibt das *Museo Valtellinese (Di–So 10–13 und 14–18 Uhr | 7 Euro | Via Maurizio Quadrio 27 | mvsa-sondrio.com)* interessante Einblicke in Geschichte und Kunstschaffen der Gegend. Auch beim Bummel durch den Stadtteil Scarpatetti lässt sich noch das alte Sondrio erspüren.

Zu den Spezialitäten des Veltlins zählt der Almkäse *Bitto Storico* oder *Storico Ribelle* aus dem Seitental Val Gerola, das bei Morbegno nach Süden abzweigt. Du kannst ihn hier im *Centro del Bitto (Mo und Mi–Fr 14–18, Sa/So 10–18 Uhr | Via Nazionale 31 | formaggiobitto.com)* im hübschen Bergort *Gerola Alta* im Reifekeller bestaunen, zu einem Glas Wein kosten und natürlich kaufen. In *Morbegno* selbst findet sich die Kultadresse zur Küche der Valtellina mit einer Auswahl guter Bioweine, die *Osteria del Crotto (So-Abend und Mo-Mittag geschl. | Via Pedemontana 22 | Tel. 03 42 61 48 00 | osteriadelcrotto.it | €€).*

Viele Agritourismusbetriebe bieten sich für einen naturnahen Urlaub an, z. B. in *Mantello* das Landgut *La Fiorida (Via Lungo Adda | Tel. 03 42 68 08 46 | lafiorida.com | €€–€€€)* mit guter bis hervorragender Küche in zwei Restaurants.

In den Thermalquellen *Bagni Vecchi (qcterme.com)* in *Bormio* in der oberen Valtellina entspannten sich schon die alten Römer; hier und in zwei weiteren Thermen liegt man in dampfenden Becken inmitten idyllischer Bergkulisse und lässt sich in komfortablen Thermalhotels verwöhnen.

Noch weiter oben kosten Spirituosen, Parfum und Zigaretten im zollfreien *Livigno* auf 1816 m etwas weniger als anderswo. In der kalten Höhe liegt Schnee bis ins späte Frühjahr hinein, dazu gibt es tolle Pisten *(carosello 3000.com)*, Skimarathons, Schneepartys und Freeride-Events *(livigno.eu)*.
c–e 1–2

GUT ZU WISSEN

DIE BASICS FÜR DEINEN STÄDTETRIP

ANKOMMEN

ANREISE

Mailand ist von München über die Brennerautobahn und Verona (585 km) oder (dann nicht durchgehend Autobahn) über Bregenz, Chur (Tunnel San Bernardino), Chiasso (490 km) zu erreichen. Von Basel geht es über Luzern (Gotthardtunnel) und Chiasso (350 km), von Wien über Villach (Tauerntunnel), Tarvis, Padua, Verona (820 km). Um Mailand herum verlaufen mehrere stark befahrene Umgehungsautobahnen *(tangenziali)* mit rund zwei Dutzend Ausfahrten zu den einzelnen Stadtteilen oder ins Zentrum.

Zugverbindungen bestehen von München über den Brenner (mit EC, Umsteigen in Verona), eine direkte EC-Verbindung gibt es von Frankfurt. Achte auf den Sparpreis Europa und den Super-Sparpreis Europa der DB. Günstige Preise gibt es mit dem Nightjet von Wien über Verona. Informationen u. a. über *bahn.de, oebb.at, sbb.ch* und *trenitalia.com.*

Auch mit Fernbussen wie Flixbus, Eurolines oder Ouibus geht es aus einem dichten Netz von Abfahrtsorten recht preiswert nach Mailand: *eurolines.de, flixbus.de, ouibus.com*

Internationale Flüge landen meist auf dem Großflughafen Milano-Malpensa (MXP) 50 km nordwestlich, gelegentlich wird auch Milano-Linate (LIN) angeflogen. Easyjet fliegt Malpensa an, Ryanair nutzt den kleinen Flughafen Orio al Serio (BGY) bei Bergamo, Ita Airways fliegt u. a. von Linate nach Düsseldorf. Praktisch ist die App *Milan Airports,* über die du deinen Flug planen kannst, mit zahlreichen Extrafunktionen. *milanomalpensa-airport.com, milanbergamoairport.it, milanolinate-airport.com*

Malpensa ist durch Direktbusse *(10 Euro, hin und zurück 16 Euro | terra*

Na so was: Da fährt der Rundfahrtbus direkt vorm Dom vorbei – und niemand schaut hin!

vision.eu, malpensashuttle.it) mit der Stazione Centrale und dem Messegelände Fiera di Milano verbunden. Die Busse verkehren ab Terminal 1 und 2 im Halbstundentakt zwischen kurz nach 5 Uhr morgens und kurz vor 2 Uhr in der Nacht. Die Fahrt dauert etwa eine Stunde. Der Zug Malpensa-Express *(13 Euro, hin und zurück 20 Euro | malpensaexpress.it)* fährt auf zwei Linien zum Hauptbahnhof (mit Halt an der Stazione Garibaldi) sowie zur Station Cadorna. Er verkehrt alle 30, in Spitzenzeiten alle 20 Minuten zwischen 5 und 24 Uhr, Fahrzeit ca. 50 Minuten.

Ab Linate pendelt der Linate-Shuttle *(7 Euro, hin und zurück 12 Euro | milano-aeroporti.it)*, der den Flughafen in ca. 25 Minuten mit der Stazione Centrale verbindet. Schnell (gut 20 Minuten bis San Babila), bequem und billiger *(2,20 Euro)* geht es mit der Metro 4 in die City.

Mit dem Taxi kostet die Fahrt nach Malpensa gut 110 Euro, Fahrzeit gut 1¼ Std., nach Linate ab 40 Euro, Fahrzeit ca. 30 Min.

Orio al Serio: Busse von und nach Mailand (Stazione Centrale) zwischen 4 und 23 Uhr, Fahrzeit knapp eine Stunde, 10 Euro bei Onlinebuchung *(orio shuttle.com, autostradale.it)*. Das Taxi braucht für die Strecke bei flüssigem Verkehr ca. 45 Minuten und kostet etwa 115 Euro.

KLIMA & REISEZEIT

Das Klima ist kontinental, d. h. im Winter kann es ziemlich (feucht-)kalt und im Sommer sehr heiß und oft auch schwül (Mücken!) werden. Auch der Regenschirm darf nicht fehlen.

Im August sind die Mailänder in den Ferien, dann ist die Stadt recht ausgestorben, was durchaus seine Reize haben kann. Ansonsten ist Mailand ein Reiseziel zu jeder Jahreszeit, besonders attraktiv natürlich während der Mode- bzw. Designwochen (Messetermine: *fieramilano.it*), doch das reiche Angebot in Sachen Kultur, Food und Shopping (Schlussverkauf im Winter: Januar/Februar, im Sommer Juli/August) ruht praktisch nie.

MOBIL SEIN

AUTO

Viele italienische Städte haben Umweltzonen mit Zufahrtsbeschränkungen eingerichtet – so auch Mailand. Je weiter du ins Stadtinnere vorstößt, umso komplizierter wird es. Hier unterscheidet man zwei Zonen – die Area B, den äußeren Ring der Innenstadt, und die Area C, die historische Altstadt. An den Grenzen beider Bereiche werden alle Nummernschilder von Videokameras erfasst. Einen Überblick über Lage und Grenzen der Zonen kannst du dir z. B. auf *drive2.city/milan* verschaffen, ausführliche Infos, auch auf (zum Teil ziemlich fehlerhaftem) Deutsch oder Englisch, außerdem auf *short.travel/mai4*.

Die Beschränkungen für beide Zonen gelten nur montags bis freitags von 7.30 bis 19.30 Uhr. Willst du in dieser Zeit mit dem Auto in die Area B fahren, muss das Fahrzeug in puncto Schadstoffklasse Mindeststandards erfüllen, die ab September 2025 höhergeschraubt werden.

Komplizierter wird es, wenn du in die Area C willst. Auch hier müssen Mindeststandards (Verschärfung ab Oktober 2024) erfüllt werden, aber zusätzlich brauchst du ein Tagesticket *(7,50 Euro, E-Fahrzeuge kostenlos)*. Du bekommst es online auf *comune.milano.it/servizi/acquista-il-ticket,* eine Bestätigung erhältst du per Mail. Vor der Einfahrt muss das Ticket auf *comune.milano.it/servizi/attiva-il-ticket* aktiviert werden: Wähl oben rechts bei der Sprachauswahl Deutsch, folg den Anweisungen und gib schließlich den PIN-Code ein, den du in deiner Bestätigungsmail findest. Wenn du die Aktivierung vor der Einfahrt vergessen hast, kannst du die Prozedur noch bis Mitternacht des Folgetags nachholen.

Das ist dir alles zu kompliziert? Dann lass dein Auto am besten auf einem der großen, bewachten P-+-R-Parkplätze stehen, die ans Metronetz angebunden sind. Dort parkst du für kleines Geld und kommst mit der sehr gut funktionierenden Metro bequem in die City. Von Norden kommend, liegt der Parkplatz Lampugnano an der Metrolinie 1 günstig. Eine Übersicht über alle an den Nahverkehr angebundenen Parkplätze mit Preisen und Öffnungszeiten findest du auf *short.travel/mai9*.

In der City stellt man das Auto am besten in einem der Parkhäuser ab. Wo sie liegen und welche Gebühren sie nehmen, erfährst du auf *parkvia.com*.

Außerhalb geschlossener Ortschaften ist auch tagsüber Abblendlicht vorgeschrieben. Bei Pannen auf Schnellstraßen und Autobahnen ist beim Verlassen des Fahrzeugs das Tragen einer Warnweste Pflicht. Höchstgeschwindigkeit: auf Autobahnen 130, auf Schnellstraßen 110, auf Landstraßen, wenn nicht anders ausgeschildert,

90 km/h, im Ortsverkehr 50 km/h. Die Promillegrenze liegt bei 0,5. Bußgelder in Italien sind hoch, ob fürs Parknöllchen, fürs Fahren in der Area C ohne Citymaut, fürs Fahren auf Fahrstreifen, die Bussen vorbehalten sind (viele Kontrollen über Kameras). Die Handynutzung am Steuer kostet bis zu 650 Euro Bußgeld und die Polizei ist unter gewissen Umständen sogar berechtigt, den Führerschein einzubehalten. Bußgeldbescheide werden an die Heimatadresse nachgeschickt.

FAHRRÄDER

Die Stadt durchzieht ein Netz an Radwegen und überall gibt es Mieträder. Für die Räder von *Bike Mi (bikemi.com)* muss man sich online oder an einem ATM-Schalter an den Bahnhöfen Centrale, Cadorna, U-Bahn Duomo, Garibaldi, Loreto anmelden. Routen kalkuliert man – auch auf Englisch – mit *bikedistrict.org*. Beliebte Radausflüge der Mailänder führen an den Ufern der Kanäle entlang, etwa am Naviglio Pavese oder am Naviglio della Martesana.

MIETWAGEN

An den drei Flughäfen haben zahlreiche Vermietungen ihre Niederlassungen, ebenso um den Hauptbahnhof. Die besten Preise (einen Fiat 500 gibt es schon ab 11 Euro pro Tag) findet man über Portale im Internet.

ÖFFENTLICHE VERKEHRSMITTEL

Der Einzelfahrschein *(biglietto ordinario)* kostet im Stadtgebiet 2,20 Euro und ist ab der Entwertung 90 Minuten gültig, wobei Tram und Busse beliebig oft in alle Richtungen benutzt werden dürfen, die Metro allerdings nur für eine Fahrt (Umsteigen möglich). Wer also nach einer Bus- oder Tramfahrt innerhalb der 90 Minuten die Metro benutzen möchte, muss den Fahrschein am Metroeingang erneut entwerten. Man bekommt das Ticket bei Kiosken, Tabakläden und an Automaten in den Metrostationen sowie in den ATM-Servicecentern in den Stadtbahnhöfen (Centrale, Cadorna, Garibaldi, U-Bahn Duomo, Loreto). Eine 24-Stunden-Karte *(biglietto giornaliero)* für alle Verkehrsmittel kostet nur 7,60 Euro, für 72 Stunden 13 Euro. Informationen auf der Website der Verkehrsbetriebe *(atm.it)* und bei den ATM-Points *(Mo–Sa 7.45–20.15 Uhr)* an den großen Metrostationen. Hier erfährt man auch, welche Busse die ganze Nacht über fahren. Von der Website lässt sich die App (auch auf Englisch) herunterladen, mit der man sich seine Verbindungen heraussuchen kann, mit der App Citymapper *(citymapper.com/milano)* kannst du dir – auch auf Deutsch – jede gewünschte Metro-, Bus- und Tramverbindung zusammenstellen. Es gibt fünf U-Bahn-Linien (Linie 4 war bei Redaktionsschluss erst zwischen San Babila und Linate in Betrieb), die City und Außenbezirke in kurzem Takt verbinden. Einige S-Bahn-Linien, die das weitläufige Stadtgebiet erschließen, ergänzen das U-Bahn-Netz.

INSIDER-TIPP
Ab in die Fashion-Outlets!

Täglich starten Busse am Hauptbahnhof bzw. am Largo Cairoli zu den großen Fashion-Outlets in der näheren und weiteren Umgebung wie Scalo, Il

Centro, Serravalle, Franciacorta, Vicolungo und Foxtown; Infos hierzu auf *zaniviaggi.com* (Reiter „Shopping Tours"). Busse ins Umland, in andere italienische Städte und ins Ausland starten am Busterminal an der Metrostation Lampugnano *(Metro 1 | Fahrpläne: autostradale.com | 🕮 B–C1)*. Regionalzüge *(trenord.it)* verbinden die Orte in der Lombardei untereinander.

TAXI

Die Mailänder Taxis sind weiß. Der Starttarif beträgt 3,70 Euro (nachts 7,60 Euro, sonn- und feiertags 6,40 Euro), der Kilometerpreis 1,50 Euro mit Aufpreis bei Taxiruf, nach 22 Uhr, sonn- und feiertags und für Großgepäck. Taxiruf: *Tel. 02 85 85, 02 69 69* oder *02 53 53*

WAS KOSTET WIE VIEL?

Espresso	um 1,20 Euro *für eine Tasse am Tresen*
Wein	ab 7 Euro *für ein Glas (0,2 l) offenen Wein*
Imbiss	ab 6 Euro *für ein belegtes panino*
Ausstellung	ab 12 Euro *für den Eintritt*
Metro	2,20 Euro *für eine Fahrt*
Schuhe	ab 280 Euro *für ein Paar handgefertigte Schuhe*

VOR ORT

AUSKUNFT

Infomilano (Mo–Fr 10–18, Sa/So 10–14 Uhr | Piazza Duomo 14 | Tel. 02 88 45 55 55 | turismo.milano.it | 🕮 j3) nennt sich die Touristeninformation am Domplatz. Ein weiterer Anlaufpunkt ist der *Yesmilano Tourism Space (Mo–Fr 10–18, Sa/So 14.30–18 Uhr | 🕮 j3)* in der Via dei Mercanti 8.

Einen guten Überblick über Veranstaltungen geben die Websites *yesmilano.it, milano24ore.de* und *milan.welcomemagazine.it*. Jeden Mittwoch liegt der Mailänder Tageszeitung Il Corriere della Sera das Veranstaltungsheft Vivi Milano bei. Das Portal *in-lombardia.it* deckt die gesamte Region ab, auch auf Deutsch; die kostenlose App *#in Lombardia PASS* begleitet dich auf der Reise mit nützlichen Informationen zu Sehenswürdigkeiten, Veranstaltungen und Naturerlebnissen.

FEIERTAGE

1. Jan.	Neujahr *(Capodanno)*
6. Jan.	Hl. Drei Könige *(Epifania)*
März/April	Ostermontag *(Pasquetta)*
25. April	Befreiung vom Faschismus *(Liberazione)*
1. Mai	Tag der Arbeit *(Festa del Lavoro)*
2. Juni	Tag der Republik *(Giorno della Repubblica)*
15. Aug.	Mariä Himmelfahrt *(Ferragosto)*
1. Nov.	Allerheiligen *(Ognissanti)*
7. Dez.	Tag des Stadtpatrons *(Sant'Ambrogio)*
8. Dez.	Mariä Empfängnis *(Immacolata Concezione)*
25. Dez.	Weihnachten *(Natale)*
26. Dez.	Zweiter Weihnachtstag *(Santo Stefano)*

GEPÄCKAUFBEWAHRUNG

Hast du am Abreisetag noch Zeit für einen Streifzug durch die City? Dann willst du bestimmt nicht deinen Rollenkoffer an den Hacken haben. Fast überall in der Innenstadt findest du *depositi:* Hotels, Restaurants und Shops, die Koffer & Co. gegen Gebühr sicher verwahren. Adressen zertifizierter *depositi* findest du z. B. auf *radicalstorage.com.*

INTERNETZUGANG & WLAN

Auf *short.travel/mai10* findest du alle Infos zum Gratis-WLAN-Netz der Stadt.

MUSEEN

Die Eintrittspreise der Museen sind sehr unterschiedlich, sie beginnen bei 5 Euro für das Museo del Novecento und klettern bis auf 15 Euro für die Pinacoteca di Brera oder die Pinacoteca Ambrosiana. Die meisten Museen bieten einen Preisnachlass für Besucher unter 25 und über 65 Jahren. Die Museen des Castello Sforzesco, die Galleria d'Arte Moderna, das Aquarium und das Museo Civico di Storia Naturale gewähren am ersten und dritten Dienstag des Monats ab 14 Uhr freien Eintritt, viele weitere am ersten Sonntag im Monat.

Am Montag sind viele Museen geschlossen. Unerlässlich ist die frühzeitige Reservierung für die Besichtigung des „Abendmahl"-Freskos von Leonardo. Auch für den Aufstieg aufs Domdach empfiehlt sich eine Reservierung und ebenso für die Besichtigung der Camera degli Sposi im Herzogspalast in Mantua. Um Wartezeiten zu vermeiden, lohnt es sich generell, vor dem Besuch eines Museums auf der Website zu checken, ob mit Reservierung schneller Einlass angeboten wird.

POST

Briefmarken bekommst du außer bei der Post auch in vielen Tabakgeschäften.

STADTTOUREN

Natürlich gibt es die üblichen Busrundfahrten nach dem Hop-on-hop-off-Prinzip *(milano.city-sightseeing.it).* Aber viel spannender sind andere, spezialisierte Angebote. Flyer in der Touristeninformation bewerben jede

Backt seit mehr als 200 Jahren Torten und einen gerühmten Panettone: Pasticceria Cova

GRÜN & FAIR REISEN

Du willst beim Reisen deine CO_2-Bilanz im Hinterkopf behalten? Dann kannst du deine Emissionen kompensieren *(atmosfair.de; my climate.org)*, deine Route umweltgerecht planen *(routerank.com)* oder auf Natur und Kultur *(gate-tourismus.de)* achten. Mehr über ökologischen Tourismus erfährst du hier: *oete.de* (europaweit); *ger manwatch.org* (weltweit).

Menge interessanter Touren. Auch auf den Websites *wheremilan.com, mila no24ore.de, getyourguide.de* oder *like alocalguide.com* finden sich viele Stadtspaziergänge zu allen erdenklichen Themen. Geführte Touren auf Italienisch oder Englisch zu Kunst- und Geschichtsthemen kann man sich individuell von Milano Arte *(milano arte.net)* organisieren lassen. Fahrradtouren bietet *bikethecity.it* an. Auf eigene Faust und für nur 2,20 Euro erkundest du die Stadt mit der Straßenbahn: Viele Innenstadtlinien fahren noch mit den alten Tramwagen von 1930, z. B. die Linie 10. Mit einer Kombination der Linien 9 und 10 (Einstieg in die 9 an der Stazione Centrale und Umstieg auf die 10 an der Stazione Porta Genova) kann man die gesamte Innenstadt einmal umrunden.

INSIDER-TIPP
Sightseeing in alten Tramwaggons

TELEFON & HANDY

Vorwahl Italien: *0039*, dann die vollständige Telefonnummer (mit der Null am Anfang!) im Festnetz bzw. die Handynummer (immer ohne Null). Innerhalb Italiens gibt es keine Vorwahlen. Vorwahl von Italien nach Deutschland *0049*, nach Österreich *0043*, in die Schweiz *0041*.

TRINKGELD

Faustregel: fünf bis zehn Prozent, wenn du zufrieden warst. Im Lokal lässt man das Trinkgeld auf dem Tisch liegen, nachdem man das Wechselgeld erhalten hat.

YES MILANO PASS & MILANO CARD

Für Touristen gibt es den *Yes Milano Pass (citypass.yesmilano.it)*, eine App in den Varianten Standard *(60 Euro)* und All inclusive *(90 Euro)*; beide gelten drei Tage lang. Damit kannst du unbegrenzt die öffentlichen Verkehrsmittel benutzen, bekommst Eintrittskarten für 8 bzw. 14 Hauptattraktionen der Stadt vergünstigt und kannst eine Priority-Spur am Ticketschalter nutzen. Der Kauf lohnt sich allerdings nur, wenn man wirklich den gesamten Sightseeing-Marathon absolviert.
Angeboten wird auch die *Milano Card* für einen oder mehrere Tage, wahlweise in Kombination mit einem Ticket für den Transfer zu einem der Mailänder Flughäfen. Dieser Reiseführer rät aufgrund mehrerer Leserzuschriften über Nichterhalt der Card trotz Vorkasse insbesondere vom Onlinekauf der Milano Card ab. Die Ersparnisse, die sie bringt, sind ohnehin minimal – daran ändern auch ein inkludierter 5-Euro-Taxigutschein und ein Freigetränk nicht wirklich was.

ZOLL

Innerhalb der EU dürfen Waren für den privaten Verbrauch frei ein- und ausgeführt werden. Richtwerte hierfür sind u. a. 800 Zigaretten und 10 l Spirituosen. Für Schweizer gelten erheblich geringere Freimengen.

NOTFÄLLE

DIPLOMATISCHE VERTRETUNGEN

- *Deutsches Generalkonsulat: Via Solferino 40 | Tel. 0 26 23 11 01, Notfallnummer 33 57 90 41 70 | italien.diplo.de | Metro 2 Moscova |* *K3*
- *Österreichisches Generalkonsulat: Piazza del Liberty 8/4 | Tel. 0 27 78 07 80 | bmeia.gv.at | Metro 1 San Babila |* *k3*
- *Schweizer Generalkonsulat: Via Palestro 2 | Tel. 0 27 77 91 61 | Metro 3 Turati |* *I1*

GESUNDHEIT

In Notfällen wendest du dich am besten an die Ambulanzen der Krankenhäuser, dort ist man verpflichtet, dich zu behandeln. Im Zentrum gibt es z. B. das *Ospedale Fatebenefratelli (Piazzale Principessa Clotilde 3 | K2)* oder das *Ospedale Maggiore Policlinico (Via San Barnaba 8 | k-I5)*. Allerdings sollte man zur Abwicklung der Formalitäten seine Europäische Krankenversichertenkarte EHIC dabeihaben (Rückseite der Versichertenkarte). Ärztliche Notrufe *(guardia medica, pronto soccorso): Tel. 8 00 19 33 44* oder *1 18*.

NOTRUF

Polizei, Feuerwehr und Rettungsdienst *Tel. 1 12*. Den Pannendienst des Italienischen Automobilclubs ACI erreicht man über *Tel. 80 31 16* (mit italienischem Handy) bzw. *8 00 11 68 00* (vom ausländischen Handy).

WETTER IN MAILAND

	JAN.	FEB.	MÄRZ	APRIL	MAI	JUNI	JULI	AUG.	SEPT.	OKT.	NOV.	DEZ.
Tagestemperaturen	4°	8°	13°	19°	23°	28°	30°	29°	25°	17°	10°	5°
Nachttemperaturen	1°	1°	5°	9°	13°	17°	20°	19°	16°	11°	6°	1°
Sonnenschein Stunden/Tag	2	3	4	6	7	7	9	8	6	4	2	1
Niederschlag Tage/Monat	7	5	7	9	10	7	5	5	6	8	8	7

Sonnenschein Stunden/Tag   Niederschlag Tage/Monat

SPICKZETTEL ITALIENISCH

Ein Akzent steht im Italienischen nur, wenn die letzte Silbe betont wird. Ansonsten haben wir die Betonung durch einen Punkt unter dem betonten Vokal angegeben.

ja/nein/vielleicht	**sì/no/fọrse**
bitte/danke	**per favọre/grạzie**
Entschuldige!/Entschuldigen Sie!	**Scụsa!/Scụsi!**
Wie bitte?	**Cọme dịce?/Prẹgo?**
Gute(n) Morgen!/Tag!/Abend!/Nacht!	**Buọn giọrno!/Buọn giọrno!/Buọna sẹra!/Buọna nọtte!**
Hallo!/Tschüss!/Auf Wiedersehen!	**Cịao!/Cịao!/Arrivedẹrci!**
Ich heiße …	**Mi chịamo …**
Wie heißen Sie?/Wie heißt du?	**Cọme si chịama?/Cọme ti chịami?**
Ich möchte …/Haben Sie …?	**Vorrẹi …/Avẹte …?**
Das gefällt mir (nicht).	**(Non) mi pịace.**
gut/schlecht	**buọno/cattịvo**

ZEIGEBILDER

ESSEN & TRINKEN

Die Speisekarte, bitte.	Il menù, per favọre.
Flasche/Karaffe/Glas	bottịglia/carạffa/bicchiẹre
Messer/Gabel/Löffel	coltẹllo/forchẹtta/cucchiạio
Salz/Pfeffer/Zucker	sạle/pẹpe/zụcchero
Essig/Öl/Milch/Sahne/Zitrone	acẹto/ọlio/lạtte/pạnna/limọne
mit/ohne Eis/Kohlensäure	con/sẹnza ghiạccio/gas
kalt/versalzen/nicht gar	frẹddo/trọppo salạto/non cọtto
Vegetarier(in)/Allergie	vegetariạno/vegetariạna/allergịa
Ich möchte zahlen, bitte.	Vorrẹi pagạre, per favọre.
Rechnung/Quittung/Trinkgeld	cọnto/ricevụta/mạncia
bar/Kreditkarte	in contạnti/cạrta di crẹdito

NÜTZLICHES

Wo finde ich …?	Dọve pọsso trovạre ...?
links/rechts/geradeaus	sinịstra/dẹstra/drịtto
Wie viel Uhr ist es?	Che ọra è? Che ọre sọno?
Es ist drei Uhr./Es ist halb vier.	Sọno le tre./Sọno le tre e mẹzza.
heute/morgen/gestern	ọggi/domạni/iẹri
Wie viel kostet …?	Quạnto cọsta ...?
zu viel/viel/wenig/alles/nichts	trọppo/mọlto/pọco/tụtto/niẹnte
teuer/billig/Preis	cạro/econọmico/prẹzzo
Wo finde ich einen Internetzugang/ WLAN?	Dọve trọvo un accẹsso ịnternet/ wi-fi?
offen/geschlossen	apẹrto/chiụso
kaputt/funktioniert nicht	guạsto/non funziọna
Panne/Werkstatt	guạsto/officịna
Fahrplan/Fahrschein	orạrio/bigliẹtto
Zug/Gleis/Bahnsteig	trẹno/binạrio/banchịna
Hilfe!/Achtung!/Vorsicht!	Aiụto!/Attenziọne!/Prudẹnza!
Verbot/verboten/Gefahr/gefährlich	diviẹto/vietạto/perịcolo/ pericolọso
Apotheke	farmacịa
Fieber/Schmerzen	fẹbbre/dolọri
0/1/2/3/4/5/6/7/8/9/10/ 100/1000	zẹro/ụno/dụe/tre/quạttro/cịnque / sẹi/sẹtte/ọtto/nọve/diẹci/cẹnto/ mịlle

MAILAND FEELING

ZUM EINSTIMMEN & AUSKLINGEN

LESESTOFF & FILMFUTTER

DAS MÄDCHEN AUS MAILAND

Auftakt der gerühmten Krimitrilogie von Giorgio Scerbanenco um Detektiv Duca Lamberti: Mit ihm tauchst du ein in die Stadt und ihre Milieus ab den 1960er-Jahren. 2018 sind alle drei Krimis neu aufgelegt worden.

EINFACH LOSFAHREN

Fabio Volo aus Brescia, ehemals Bäcker, DJ und jetzt Bestsellerautor, lässt dich in seinen Storys um Liebe, Freundschaft, Job an der Gefühlswelt der Italiener von heute mit Humor und Leichtigkeit teilnehmen (auf diese von 2009 folgten weitere, alle auch auf Deutsch).

ICH BIN DIE LIEBE

In Luca Guadagninos Film von 2009 spielt Tilda Swinton eine Dame aus dem feinen Mailänder Bürgertum auf Liebesumwegen, und das im phantastischen Ambiente der Villa Necchi Campiglio (s. S. 36).

DAS WUNDER VON MAILAND

1951 drehte Vittorio de Sica in der Stadt diesen Klassiker. Italiens Nationalheld Totò in der Hauptrolle der Komödie kämpft mit Hilfe von Schutzengeln und einer magischen Taube gegen gierige Spekulanten. Weil der Film ein Märchen ist, war er sehr erfolgreich.

PLAYLIST QUERBEET

ADRIANO CELENTANO – IL RAGAZZO DI VIA GLUCK
Melancholischer Abgesang auf den Verlust grüner Stadtrandidylle durch den Bauboom

FEDEZ – MILANO BENE
Rap auf der Suche nach Liebe gegen die Männer mit den dicken Brieftaschen

MAHMOUD – SOLDI
Viele Fragen des Mailänder Chartstürmers und San-Remo-Gewinners an seinen ägyptischen Vater

GIOVANNI D'ANZI – O MIA BELA MADUNINA
Gefühlvoll-ironische Hymne von 1934 auf die Stadt für die Zuwanderer aus dem Süden

ORNELLA VANONI – STUPIDI
Wie die Mailänder Signora trotz gebrochenem Herzen ihre Würde bewahrt

Den Soundtrack zum Urlaub gibt's auf **Spotify** unter **MARCO POLO Italy**

Oder Code mit Spotify-App scannen

AB INS NETZ

APPSOLUTELYMILANO.COM
Sehr informativer, engagierter Blog von zwei Däninnen, die seit 20 Jahren in Mailand leben.

THESARTORIALIST.COM
Fotograf und Blogger Scott Schuman hat einen einzigartigen Blick für Streetstyle: Er findet immer wieder tolle Typen auf den Straßen Mailands und zeigt sie uns auf seinem Blog und auf Instagram.

SHORT.TRAVEL/MAI2
Eine elegische Folge aus Mailandbildern: Straßenszenen, Sehenswürdigkeiten, Menschen – ein schöner Eindruck von der Stadt.

FLAWLESSMILANO.COM
Onlinemagazin mit Neuem und Interessantem zu Lokalen, Läden und Locations in Mailand. Die Texte sind auch auf Englisch und auf dem Instagram-Account gibts jede Menge schöne Bilder.

@SCIURAGLAM
Glamouröser Stil zwischen bürgerlich und eigenwillig der älteren Mailänder Signora – einmal chic, immer chic.

TRAVEL PURSUIT

DAS MARCO POLO URLAUBSQUIZ

Weißt du, wie Mailand tickt? Teste hier dein Wissen über die kleinen Geheimnisse und Eigenheiten von Stadt und Leuten. Die Lösungen findest du in der Fußzeile. Und ganz ausführlich auf den S. 18–23.

❶ Was ist der Bosco Verticale, der „Vertikale Wald"?

a) Ein experimenteller Park im Hochhausviertel Porta Nuova
b) Ein über und über mit Bäumen bewachsenes Hochhaus
c) Ein Ökograffito des Street-Art-Künstlers Blu

❷ Was wird im Dezember in der Galleria Vittorio Emanuele verteilt?

a) Tausende Stücke Panettone
b) 999 Gratistickets für das traditionelle Neujahrsderby zwischen Inter und dem AC Milan
c) 500 Gratisportionen *ossobuco* mit Polenta für die Obdachlosen der Stadt

❸ Wo steht der marmorne „Stinkefinger" von Maurizio Cattelan?

a) Vor dem Rathaus
b) Vor der Börse
c) Vor dem San-Siro-Stadion

❹ Womit macht Prada außer mit Mode noch von sich reden?

a) Als Sponsor des AC Milan
b) Mit einer Kunststiftung
c) Mit einem Sternerestaurant

❺ Wer wohnte einst an den Kanälen des heutigen Ausgehviertels Navigli?

a) Fischer
b) Bohemiens und die Mailänder Halbwelt
c) Handwerker

Lösungen: 1b, 2a, 3b, 4b, 5c, 6b, 7b, 8c, 9b, 10a, 11c

Achtung, Spoiler: Was du hier siehst, erfährst du, wenn du Frage 2 korrekt beantwortest

❻ Was ist das „Mailänder Modell"?

a) Geschäftsabschlüsse beim Aperitif

b) Das Zusammenspiel zwischen Designern und Produktionsfirmen

c) Das Sponsoring von Streetworkern in Problemvierteln durch in Mailand ansässige Haute-Couture-Firmen

❼ Um wie viel höher ist das Pro-Kopf-Einkommen in Mailand als im italienischen Durchschnitt?

a) Gut doppelt so hoch

b) Rund 50 Prozent höher

c) Entgegen den Erwartungen nur um knapp fünf Prozent

❽ Wer ist Chiara Ferragni?

a) Die federführende Architektin des neuen Businessviertels City Life

b) Eine langjährige Starsopranistin (seit 2003!) an der Scala

c) Mailands berühmteste Influencerin

❾ Womit wurde Modeschöpfer Giorgio Armani berühmt?

a) Mit Kniestrümpfen aus Wildleder

b) Mit „destrukturierten" Jacken, leger und ohne Schulterpolster

c) Mit knallgelben Wickelröcken

❿ Welcher Aperitif wurde in Mailand erfunden?

a) Campari

b) Negroni

c) Aperol Spritz

⓫ Wo kannst du ein 1000 m² großes Wandgemälde des Street-Art-Künstlers Eron bewundern?

a) In der Unterführung unter dem Hauptbahnhof

b) Im Innenhof der Galleria d'Arte Moderna

c) Im Park des Hochhausviertels City Life

REGISTER

MAILAND

LOMBARDEI